"Verfall" als Folge zunehmender Identitäts- und Existenzunsicherheit

Eine Studie zu Thomas Manns Buddenbrooks

von

Claudia Bahnsen

Tectum Verlag
Marburg 2003

Bahnsen, Claudia:
"Verfall" als Folge zunehmender Identitäts- und Existenzunsicherheit.
Eine Studie zu Thomas Manns Buddenbrooks.
/ von Claudia Bahnsen
- Marburg : Tectum Verlag, 2003
ISBN 978-3-8288-8533-2

© **Tectum Verlag**
Marburg 2003

Inhaltsverzeichnis

Seite

I. Einleitung.. 7
1. Problemstellung.. 7
2. Forschungsstand... 9
3. Aufbau und Methodik.. 11

II. Zum Wandel der psychologischen Konzeption des Figurenbewusstseins in der Literatur um 1900.. 13

III. Die Identitäts- und Existenzproblematiken der Buddenbrooks
und ihre Folgen für das ‚Verfalls'-Geschehen................................ 19
1. Zeitliche und räumliche Situierung von Firma und Familie......... 19
2. Johann Buddenbrook Senior als Repräsentant der Firmen- und
Familiennorm... 23
2.1 Die Manifestationen von Identitäts- und Existenzsicherheit
in Sprache, Aussehen und Verhalten.. 23
2.2 Verlusterfahrung als Basis des etablierten Familiensystems...... 28
3. Konsul Johann Buddenbrook und die beginnende Selbstent-
fremdung... 33
3.1 Die Spaltung der ‚Person' als Resultat der internalisierten
Firmen- und Familiennorm... 33
3.2 Das Gesetz der „guten Partie" und die beginnende Divergenz
von innerer und äußerer Familienwirklichkeit......................... 42
4. Das Leben als Rollenspiel... 48
4.1 Tonys illusionärer Lebenssinn Familie..................................... 48
4.1.1 Die Internalisierung der Firmen- und Familiennorm............... 48
4.1.2 Der gescheiterte Selbstfindungsprozess und seine
existenziellen Folgen... 51
4.2 Thomas' Leben im Gleichnis... 62

4.2.1 Der Kampf gegen die eigene Identität............................... 62
4.2.2 Die Demontage des familiären Glaubenskonstruktes.............. 72
4.3 Christians zunehmender Verlust des Wirklichkeitssinns............ 76
4.3.1 Hypochondrische Selbstbestrafung... 76
4.3.2 Die Verselbständigung der Rollenexistenz............................ 83
4.4 Claras Lebensentfremdung... 87
5. Hannos Lebensverneinung.. 90

IV. Schlussbetrachtung... 99

V. Literaturverzeichnis..102
   1. Quellen-Texte...102
   2. Forschungsliteratur..102
   2.1 Zur Neukonzeption des Figurenbewusstseins um 1900............102
   2.2 Zu Thomas Manns *Buddenbrooks*...103
   2.3 Weitere Hilfsmittel..106

I. Einleitung

1. Problemstellung

„Noch jedes gute Buch, das gegen das Leben geschrieben wird, ist eine Verführung zum Leben . . ."[1] so schreibt Thomas Mann am 28.03.1906 an Kurt Martens. Die Rede ist von dem 1901 erschienenen Roman *Buddenbrooks. Verfall einer Familie*. Martens hatte dieses Werk wenige Tage zuvor in seinem Beitrag im *Leipziger Tageblatt*[2] als „zersetzend" bezeichnet, für Thomas Mann ein Irrtum, den er in seiner brieflichen Antwort auszuräumen versucht. Sein Hinweis auf die „Verführung zum Leben", die ein solches Buch sei, erscheint auf den ersten Blick allerdings paradox, denn schon der Untertitel akzentuiert als Thema des Romans den ‚Verfall' der Familie Buddenbrook und damit eine Wendung „gegen das Leben". Auch der Name der kollektiven Hauptfigur erinnert eher an Instabilität und Unsicherheit, insofern man die Selbstkommentare des Autors zu Rate zieht: In seinen Notizbüchern findet sich zum Beispiel der Eintrag „Bruch (brôk) = Sumpfland",[3] während er in einem späteren Brief an Julius Bab schreibt: „‚brook' ist offenbar [plattdeutsch für] ‚Bruch', und ‚Budden-brook' bedeutet ein ‚niedriges', flaches Moorland"[4] – ein Motiv, das auch im Wappen der Romanfamilie wieder begegnet (vgl. 74).[5] Setzt man diese Impli-

---

[1] Thomas Mann an Kurt Martens, München, 28.03.1906. In: Thomas Mann: Briefe, hrsg. von Erika Mann, Bd. 1: 1889 – 1936, Frankfurt/Main 1961, S. 62

[2] Vgl. Kurt Martens: Die Gebrüder Mann. In: Leipziger Tageblatt, Nr. 154 (21.03.1906)

[3] Thomas Mann: Notizbücher: Edition in zwei Bänden, hrsg. von Hans Wysling und Yvonne Schmidlin, Bd. 1: Notizbücher 1-6, Frankfurt/Main 1991, S. 117

[4] Thomas Mann an Julius Bab, Pacific Palisades, 28.06.1948. In: Thomas Mann: Selbstkommentare: ›Buddenbrooks‹, hrsg. von Hans Wysling unter Mitwirkung von Marianne Eich-Fischer, Frankfurt/Main 1990, S. 120

[5] Zitiert wird nach der Ausgabe: Thomas Mann: Buddenbrooks. Verfall einer Familie, Frankfurt/Main 2000. Sie folgt dem Text der Erstausgabe von 1901. Zitate werden durch Seitenangaben im Text selbst nachgewiesen.

kationen des Namens in Bezug zu dessen Träger, so lässt sich hier bereits mutmaßen, dass die Stabilität des dargestellten Familiensystems ebenso trügerisch sein dürfte wie die Oberflächenbeschaffenheit einer Moor- oder Sumpflandschaft. Anders ausgedrückt: Die einzelnen Mitglieder finden in den familiären Werten und Normen mit zunehmendem ‚Verfall' immer weniger Halt.

Worin genau manifestieren sich nun aber diese ‚Verfalls'-Erscheinungen, das „Abwärts"[6] der Familie? Da ist zum einen der wirtschaftlich-finanzielle Niedergang der am Ende liquidierten Getreidefirma, mit der sich die Buddenbrooks ihren Lebensunterhalt verdienen. Parallel dazu vollzieht sich der gesellschaftliche Abstieg, der in Normverstößen gegen die familiäre Außendarstellung, in unstandesgemäßen Ehen, Scheidungen und Ähnlichem zum Ausdruck kommt. Auch die räumliche und soziale Einheit der Großfamilie fällt immer weiter auseinander, während sich die physische und psychische Konstitution der einzelnen Mitglieder konstant verschlechtert. Die Folge ist ein zum Teil rapides Sinken der Lebensenergie, das immer früher zum Tod oder zur Todesäquivalenz führt. Die erste im Text dargestellte Generation erreicht zum Beispiel noch ein relativ hohes Alter – Johann Buddenbrook Senior wird weit über siebzig Jahre alt -, wohingegen der Urenkel Hanno bereits kurz vor oder nach seinem sechzehnten Geburtstag stirbt.

Worin könnte also bei dieser Abwärtsentwicklung die „Verführung zum Leben" bestehen? Wie lässt sich das oben zitierte Paradoxon Thomas Manns auflösen? Worin liegt die Ursache für die ‚Verfalls'-Merkmale, die als „gegen das Leben" gerichtet erscheinen, und könnte die Beseitigung dieser Ursache dann vielleicht einer „Verführung zum Leben" gleichkommen?

Die vorliegende Arbeit wird versuchen, die innere Notwendigkeit der ‚Verfalls'-Thematik näher zu bestimmen, indem die psychologischen Konzepti-

---

[6] Thomas Mann an Otto Grautoff, Palestrina, 20.08.1897. In: Thomas Mann: Selbstkommentare: ›Buddenbrooks‹, S. 7

onen der Romanfiguren in ihrer Abhängigkeit von den tradierten Wertvorstellungen der Firmen- und Familiennorm analysiert werden. Zugrunde gelegt wird dabei die Annahme, dass die Konzeption der Figurenpsyche bereits im Zusammenhang mit jener Transformation von Moral und Psychologie gesehen werden kann, die sich aufgrund der zunehmenden Integration des Unbewussten in der deutschen Literatur um 1900 vollzieht. An den Text heranzutragen sind somit folgende Fragen:
- Warum verfällt die Familie Buddenbrook?
- Welche Rolle spielen dabei die familiären Werte und Normen, und wie wirken sie sich auf die Identitäts- und Existenzproblematiken der einzelnen Familienmitglieder aus?
- Wie verhält sich der Text zur literarhistorischen Neukonzeption der Figurenpsyche, insofern er den ‚Verfall' als Folge einer teils sozial-, teils individualpsychologischen Entwicklung darstellt?
- Ist vor diesem Hintergrund ein Ausweg aus dem ‚Verfalls'-Geschehen denkbar?

2. Forschungsstand

Folgende Untersuchungen sind für die oben genannten Fragestellungen relevant: Zu der sich um 1900 wandelnden psychologischen Komponente der Figurenkonzeption wird die Untersuchung von Wünsch (1991a)[7] zugrunde gelegt, in der ein Modell des literarischen Strukturwandels von der Spätphase des „Realismus" zum Beginn der „Frühen Moderne"[8] entworfen

---

[7] Marianne Wünsch: Vom späten „Realismus" zur „Frühen Moderne": Versuch eines Modells des literarischen Strukturwandels. In: Modelle des literarischen Strukturwandels, hrsg. von Michael Titzmann, (Studien und Texte zur Sozialgeschichte der Literatur, Bd. 33), Tübingen 1991, S. 187-203 (im Text abgekürzt als Wünsch 1991a)

[8] Epochenklassifizierung nach Wünsch 1991a: „Realismus" ca. 1850 - ca. 1890; „Frühe Moderne" ca. 1890 - ca. 1930

wird. Wünsch geht in diesem Kontext von zeitgenössischen Beispielen erzählender Literatur aus und beschäftigt sich unter anderem mit dem sich verändernden Status des Subjekts und seiner Psychologie sowie mit der daran gekoppelten Transformation des Systems moralisch verbindlicher Werte und Normen. Unter Psychologie ist dabei nicht die Anwendung der sich zeitgleich entwickelnden Psychoanalyse oder ähnlicher Theorien auf ein bestimmtes Textkorpus zu verstehen, sondern ausschließlich die rein deskriptive Rekonstruktion des Figurenbewusstseins, das in der Literatur zwischen „Realismus" und „Früher Moderne" neu konzipiert wird. In diesem Zusammenhang ist auch ein zweiter Aufsatz von Wünsch (1991b)[9] zu nennen, der sich mit dem psychischen Raum des Unbewussten in der erzählenden Literatur zwischen Goethezeit und Jahrhundertwende befasst.

Wichtige Beiträge der *Buddenbrooks*-Forschung in Bezug auf die für diesen Ansatz relevante ‚Verfalls'-Psychologie der Romanfamilie sind: die Arbeiten von Helmut Koopmann (1962, 1975), der die Lesart des Werks als „Generationenroman" (1962) etabliert, diese Perspektive jedoch letztlich noch auf die Vater-Sohn-Beziehungen (1975) reduziert; die Studie seines Schülers Michael Zeller (1974), der die Generationenproblematik schon etwas weiter fasst, indem er die Entwicklung der Familie mit ihren sozialpsychologischen Problemen aus einer primär historischen Perspektive betrachtet. Von besonderer Bedeutung ist außerdem der zentrale Beitrag von Herbert Lehnert (1965). Er arbeitet bereits die Dominanz der verfallspsychologischen Komponente heraus, die sich bei den einzelnen Figuren in Form von zunehmender Existenzunsicherheit zeigt. Lehnert deckt außerdem die für die Entwicklung der Romanfamilie wichtige „Parallelstruktur" des „Liebesverzichts" auf.

---

[9] Marianne Wünsch: Die Erfahrung des Fremden im Selbst. Der Kampf mit dem „Unbewußten" in der Literatur zwischen Goethezeit und Jahrhundertwende. In: Akten des VIII. Internationalen Germanisten-Kongresses Tokyo 1990. Begegnung mit dem „Fremden". Grenzen – Traditionen – Vergleiche, hrsg. von Eijiro Iwasaki, Bd. 11, München 1991, S. 169-176 (im Text abgekürzt als Wünsch 1991b)

Eine Untersuchung zu Leben und Werk Thomas Manns liefert ferner die Dissertation von Michael Vogtmeier (1987). Anders als bei dem in dieser Abhandlung verfolgten Ansatz geht Vogtmeier allerdings nicht von der literarischen Konzeption der Figurenpsyche aus, sondern wendet die psychologische Mehrgenerationen-Familientherapie nacheinander auf die familiäre Situation des Autors sowie auf die Romanfamilie Buddenbrook an.

3. Aufbau und Methodik

Aus den bisherigen Überlegungen ergibt sich für Aufbau und Methodik der Arbeit Folgendes:
Unter Zugrundelegung der Untersuchungen von Wünsch (1991 a, b) wird in einem einführenden Kapitel zunächst die literarhistorische Entwicklung vom „Realismus" zur „Frühen Moderne" skizziert. Dabei liegt der Akzent auf der sich ab 1890 entwickelnden Konzeption einer Individualpsychologie, von der die allenfalls sozialpsychologisch zu nennende Verhaltensmotivation der Figuren des „Realismus" tendenziell abgelöst wird.
Als Basis der Arbeit liefert dieses Kapitel das notwendige Instrumentarium für den anschließenden Hauptteil: die Analyse der Identitäts- und Existenzproblematiken, mit denen die einzelnen Buddenbrooks in Thomas Manns gleichnamigem Roman den ‚Verfall' ihres familiären Herkunftssystems evozieren.
Nach einer kurzen Einführung in die räumliche und zeitliche Situierung des Geschehens richtet sich der Blick zunächst auf die identitätsbildende Wirkung, die das familiäre Wert- und Normsystem noch auf seinen obersten Repräsentanten, den alten Monsieur Johann Buddenbrook ausüben kann. Bei den drei Folgegenerationen verkehrt sich diese Wirkung mehr und mehr in ihr Gegenteil: Aufgrund der unreflektierten Übernahme der tradierten Wert- und Normvorstellungen agieren die einzelnen Mitglieder der Kernfamilie in zunehmendem Maße fremdbestimmt und selbstentfremdet.

Das Hauptinteresse der vorliegenden Untersuchung muss es deshalb sein, die verschiedenen Ausformungen der wachsenden Identitäts- und Existenzunsicherheit anhand einzelner Figurenanalysen näher zu bestimmen und die damit einhergehenden Auswirkungen auf das übergeordnete ‚Verfalls'-Geschehen herauszuarbeiten. Gemäß der Lesart als „Generationenroman" lassen sich dabei generationsspezifische Ausformungen der jeweiligen Lebensproblematiken feststellen. Als Genese zum ‚Verfall' werden sie in der Schlussbetrachtung zusammenfassend dargestellt und in Bezug zum literarhistorischen Kontext der sich verändernden Konzeption der Figurenpsyche gesetzt.

II. Zum Wandel der psychologischen Konzeption des Figurenbewusstseins in der Literatur um 1900

Das von Wünsch (1991a) postulierte Modell eines literarischen Strukturwandels geht von folgenden Grundannahmen aus:
Die Literatur einer Epoche wird als ein „System" gefasst, das sich als Maximum gemeinsamer Regularitäten aus den verschiedenen Einzeltexten eines bestimmten Zeitraums abstrahieren lässt. Diese Regularitäten betreffen sowohl die Ebene der Darstellungsmodi, den „discours", als auch die Ebene der dargestellten Welt, die „histoire".[10]
Der sich zwischen zwei Epochen vollziehende Wandel impliziert dabei zeitweilig die mögliche Koexistenz zweier sukzessiver Literatursysteme.[11] So zeichnet sich der Zeitraum ab etwa 1890 durch Texte aus, die einerseits schon zur Anfangsphase der „Frühen Moderne" gehören, die aber andererseits das „realistische" Literatursystem noch erkennbar voraussetzen oder sich unmittelbar an dessen Grenze befinden. Das deskriptive Modell von Wünsch versucht nun, diesen Strukturwandel durch eine Untergliederung der Transformationsprozesse in verschiedene Themenkomplexe zu beschreiben. Wichtig ist in dem Zusammenhang der Hinweis, dass im jeweils zu untersuchenden Einzeltext auch nur eine Teilmenge der Transformationen eines oder mehrerer dieser Komplexe realisiert sein kann, während das Modell die bisher gesamte abstrahierte Menge verzeichnet.[12]
Für die Untersuchung der ‚Verfalls'-Ursache in Thomas Manns *Buddenbrooks* sind vor allem zwei eng zusammenhängende Bereiche relevant: Der eine betrifft die sich verändernde Konzeption der Figurenpsyche, der andere den daran gekoppelten Komplex moralisch verbindlicher Wert- und Normvorstellungen, der für das Verhalten des Subjekts gegenüber der Außenwelt relevant ist. Beide Bereiche werden im Folgenden kurz referiert

---

[10] Vgl. Wünsch 1991a, S. 188
[11] Vgl. ebd., S. 187
[12] Vgl. ebd., S. 188

und auf die zu erörternde Problematik der Romanfamilie akzentuiert. Auf die illustrierenden Einzeltextbeispiele kann dabei verzichtet werden, da es nicht um eine Überprüfung des von Wünsch postulierten Modells gehen soll, sondern um die Verdeutlichung des Hintergrundes, von dem aus die oben genannten Fragen an das zu untersuchende Werk herangetragen werden.

Der zentrale Faktor, der in der Literatur um 1900 zur Veränderung von Status und Psychologie des Subjekts führt, ist die tendenzielle Erweiterung des Figurenbewusstseins um den Bereich des Nicht- oder Unbewussten. Der Grund für die weitestgehende Ausgrenzung dieses Bereichs zur Zeit des „Realismus" dürfte laut Wünsch eng mit der Koppelung von Moral und Psychologie zusammenhängen: Die Psyche des Subjekts wird in diesem Literatursystem noch überwiegend auf den Bereich eines Bewusstseins reduziert, das mit den vom Text anerkannten Wert- und Normvorstellungen gleichzusetzen ist.[13] Normverstöße werden deshalb als Folge bewussten und damit schuldhaften Handelns sanktioniert, was automatisch zur negativen Bewertung der Figur durch den Text führt.[14] Diesem geht es demzufolge noch primär um die Aufrechterhaltung der von ihm vertretenen Moralvorstellungen, deren normativer Geltungsanspruch nicht hinterfragt wird. Soziale Normalität erscheint als das gewünschte und dominant praktizierte Figurenverhalten.[15]

Für die psychologische Konzeption des „Realismus" ergibt sich somit Folgendes: Das Figurenverhalten ist allenfalls sozialpsychologisch motiviert, insofern es sich nach der Logik jener Moralität erklären lässt, die vom Subjekt repräsentiert wird, da sie mit seiner ‚Person' ‚identisch' ist. Mit anderen Worten: Die persönlichen Werte und Normen, über die sich das Subjekt definiert, werden von ihm als „invariante Identität"[16] erfahren. Warum ihnen verhaltensbestimmende Bedeutung zukommt, steht nicht zur

---

[13] Vgl. Wünsch 1991b, S. 175
[14] Vgl. Wünsch 1991a, S. 189
[15] Vgl. ebd. S. 192
[16] Ebd. S. 191

Diskussion.[17] Auch die schuldentlastende Kategorie unbewusster Handlungsantriebe muss in diesem Literatursystem noch zwangsläufig ausgegrenzt werden, denn da normverletzende Bewusstseinsinhalte von den positiv bewerteten Figuren unterdrückt werden, ist der psychische Raum eines Nicht- oder Unbewussten zwar theoretisch denkmöglich, wird aber automatisch mit potenziellen und zu sanktionierenden Normverstößen in Verbindung gebracht. Eine Erweiterung des Figurenbewusstseins um den Bereich des Unbewussten kann im „Realismus" also nicht oder allenfalls punktuell praktiziert werden, da sonst die psychologische und die moralische Konzeption zu verändern wären[18] - ein systemtransformierender Prozess, den erst die „Frühe Moderne" ab 1890 vollzieht.

Im Literatursystem der „Frühen Moderne" reicht die anzustrebende soziale Normalität als zentrale Verhaltensmotivation offensichtlich nicht mehr aus. Dies hat zur Folge, dass die psychologische Konzeption des „Realismus" in dem Punkt, wo sie bereits tendenziell sozialpsychologisch gewesen ist, zur Individualpsychologie erweitert wird.[19] Dabei können jetzt auch unbewusste, zum Teil irrationale Verhaltensantriebe zugelassen werden, so dass es zur partiellen Entrationalisierung des Bewusstseins kommt. Auf der Discours-Ebene äußert sich diese Transformation zum Beispiel in neuen Darstellungsformen wie dem inneren Monolog, Formen des Bewusstseinsstroms, aber auch in der Neufunktionalisierung des auktorialen Erzählens zur Einführung unbewusster psychischer Figurenantriebe.[20]

Das Subjekt kann sich folglich nicht mehr ausschließlich über das Bewusstsein als Ort konstanter Werte und Normen definieren, sondern es muss immer wieder aufs Neue herausfinden, welche zunächst nur halb- oder unbewussten psychischen Antriebe sein Handeln bestimmen, und ob es sie bewusst als zu seiner ‚Person' gehörend, das heißt als identitätsbildend anerkennen will. In der späteren Analyse von Thomas Manns *Budden-*

---

[17] Vgl. zu diesem Aspekt Wünsch 1991b, S. 170
[18] Vgl. dazu ebd., S. 173
[19] Vgl. Wünsch 1991a, S. 192
[20] Vgl. zu diesem Aspekt ebd., S. 190

brooks empfiehlt es sich deshalb, zwischen personeigenen und personfremden Antrieben zu differenzieren.[21] Unter personeigenen Antrieben ist in dem Zusammenhang das Potenzial zu verstehen, das der ‚Person' des Subjekts von Anfang an zugrunde liegt,[22] sich bei Bewusstwerdung im persönlichen Wertebewusstsein manifestieren kann und zur Konstituierung einer eigenen Identität immer wieder neu zu realisieren ist. Als personfremd werden dagegen all diejenigen Verhaltensantriebe bezeichnet, bei denen es sich lediglich um das selbstentfremdete und fremdbestimmte Befolgen unreflektiert übernommener Wert- und Normvorstellungen handelt. Identitätsbildende Wirkung können solchermaßen tradierte Vorstellungen nur dann erlangen, wenn sich das Subjekt bewusst mit ihnen auseinander gesetzt und sie in sein persönliches Wertebewusstsein integriert hat.[23]

Die Erweiterung des Figurenbewusstseins um diese halb- oder unbewussten psychischen Antriebe trägt nun ihrerseits dazu bei, dass neben den normkonformen auch die normwidrigen Triebkräfte bewusstseinsfähig werden. Letztere führen in der „Frühen Moderne" nicht mehr automatisch zur negativen Figurenbewertung durch den Text,[24] denn aufgrund der Integration des Unbewussten können jetzt sogar die moralverletzenden Sachverhalte als zum Subjekt gehörend akzeptiert werden. Der systemtransformierende Wandel kommt deshalb außerdem in jenen experimentellen Normverletzungen zum Ausdruck, von denen die charakteristischen Prozesse der Selbstfindung und -verwirklichung in diesem Literatursystem begleitet werden. Somit wird deutlich: Die neue Individualpsychologie ist

---

[21] Die Anregung zu dieser Unterscheidung geht zurück auf das wesentlich differenziertere Modell von Michael Titzmann: Das Konzept der ‚Person' und ihrer ‚Identität' in der deutschen Literatur um 1900. In: Die Modernisierung des Ich: Studien zur Subjektkonstitution in der Vor- und Frühmoderne, hrsg. von Manfred Pfister, Passau 1989, S. 36-52

[22] Vgl. ebd., S. 50

[23] Vgl. ebd.

[24] Vgl. dazu Wünsch 1991a, S. 189

gekoppelt an eine sich verändernde Moralkonzeption,[25] unter der die eigene Identität erst konstituierbar beziehungsweise lebbar wird.
Dieser anzustrebende, immer weiter zu realisierende Wert der Identität trägt denn auch maßgeblich zur Etablierung des neuen Wertes „Leben"[26] bei. Darunter ist nicht mehr das Erreichen oder Aufrechterhalten der bürgerlich-sozialen Normalität zu verstehen, sondern es ist der individuelle „Mehrwert", der zählt, die Selbstverwirklichung.
Eine solche Umwertung hat ihrerseits Auswirkungen auf die Realitätskonzeption der „Frühen Moderne":[27] Wird Realität im „Realismus" noch als zu Ende gehender Prozess erfahren, der gemäß der sozialen Normalität als zentraler Verhaltensmotivation auf der Histoire-Ebene mit Verlust, Entzug und Tod korreliert ist, so scheint der Realitätsprozess der „Frühen Moderne" zumindest tendenziell neue Möglichkeiten zu eröffnen. Dem entspricht zum Beispiel der wandernde Fokus dieser Texte,[28] der am Anfang zwar noch auf dem vom „Realismus" tradierten Wert- und Normsystem liegt, sich von hier aus allerdings jenen experimentellen Normverstößen zuwendet, die sowohl für die Selbstfindung des Subjekts als auch für die sich verändernde Moralkonzeption konstitutiv sind.
In dem somit skizzierten Modell des literarischen Strukturwandels ist der Roman von Thomas Mann genau auf der Schnittstelle zur „Frühen Moderne" anzusiedeln. Zwar handelt es sich bei dem normativen Anspruch, mit dem die familiären Wertvorstellungen in den *Buddenbrooks* aufrechterhalten werden, noch um einen primär „realistischen" Faktor, doch lassen sich die dadurch herbeigeführten Formen zunehmender Identitäts- und Exis-

---

[25] Vgl. dazu ebd., S. 193 f.
[26] Vgl. ebd. S. 196 f. Weiterführende Informationen zu diesem Aspekt bietet der Beitrag von Marianne Wünsch: Das Modell der „Wiedergeburt" zu „neuem Leben" in erzählender Literatur 1890-1939. In: Klassik und Moderne. Die Weimarer Klassik als historisches Ereignis und Herausforderung im kulturgeschichtlichen Prozeß, hrsg. von Karl Richter und Jörg Schönert, Stuttgart 1983, S. 379-408
[27] Vgl. dazu Wünsch 1991a, S. 198
[28] Vgl. ebd., S. 194

tenzunsicherheit bereits als relativ „moderne" Figurenproblematiken klassifizieren: Sie zeigen den ‚Verfall' des dargestellten Familiensystems als Folge unterbliebener, verhinderter oder gar negierter Selbstfindungsprozesse, die es in den folgenden Kapiteln näher zu bestimmen gilt.

III. Die Identitäts- und Existenzproblematiken der Buddenbrooks und ihre Folgen für das ‚Verfalls'-Geschehen

1. Zeitliche und räumliche Situierung von Firma und Familie

Die Handlung von Thomas Manns *Buddenbrooks* erstreckt sich über einen Zeitraum von etwa vier Jahrzehnten, genauer: von Oktober 1835 bis Herbst 1877. Zentraler Schauplatz und Wohnsitz der Kernfamilie ist eine bei „Travemünde" (39) gelegene „Hafen- und Handelsstadt" (312), hinter deren „giebeligen und winkeligen Straßen" mit ihrem „öffentliche[n], geschäftliche[n], bürgerliche[n] Leben" sich unschwer Lübeck erkennen lässt, die Geburtsstadt des Dichters. Obwohl sich nahezu jede Orts- und Straßenbezeichnung topografisch exakt bestimmen lässt,[29] kommt der Name Lübeck im Text nicht ein einziges Mal zur Sprache. Vielmehr wird die detailgenaue Schilderung der „freien und Hansestadt" (56) funktionalisiert, um ein bestimmtes Milieu sowie die damit verbundenen Werte zum Ausdruck zu bringen: Die Vielzahl der mittelalterlichen, vor allem gotischen Bauten, aber auch die typischen Giebelhäuser stehen für „das Alte, Gewohnte und Überlieferte" (155), das diesen souveränen, vom Senat regierten Stadtstaat (vgl. 7) charakterisiert. Sie sind Lebensumfeld, Wohnraum und Tätigkeitsbereich der stets auf den Anschein von Solidität bedachten Bürger (vgl. 312), insbesondere der „alteingesessenen Familien" (61), die mit ihren „strengeren Traditionen" (60) sowie aufgrund von Besitz und Ansehen die obere Gesellschaftsschicht ‚Lübecks' bilden. Zu ihnen gehört auch die Familie Buddenbrook, bei der zu Beginn des Romans ein gesellschaftlicher Empfang unmittelbar bevorsteht. Neben den „in der Stadt ansässigen Familienmitgliedern" (11) sind auch „ein paar gute Hausfreunde" aus den Reihen des Besitz- und Bildungsbürgertums geladen, um das weitläufige

---

[29] Vgl. dazu den Stadtplan mit den eingezeichneten Schauplätzen des Romans in der Dauerausstellung „Buddenbrooks. Ein Jahrhundertroman" im Heinrich-und-Thomas-Mann-Zentrum, Lübeck

alte Haus einzuweihen, „das die [Getreide-]Firma Johann Buddenbrook vor einiger Zeit käuflich erworben [hat]" (10). Es liegt in unmittelbarer Nähe zur gotischen Kirche „St. Marien" (11, 14) in der „Mengstraße" (10), „die *abschüssig* zur Trave hinunterführt[]"[30] (41). Ebenso wie dieses Gefälle kann auch die jahreszeitliche Situierung von Romananfang und –ende im Herbst, das heißt im unaufhaltsam zu Ende gehenden Jahr, bereits in Bezug zu dem zentralen Erzählthema gesetzt werden: als Anfangs- und Endpunkt des ‚Verfalls'. Besonders zu Beginn der Handlung begegnen die symbolischen Zeichen der Natur gehäuft: Die regnerisch-trübe Witterung, der frühe Kälteeinbruch sowie das vergilbte Laub der kleinen Linden gegenüber diesem ersten und wichtigsten Haus der Buddenbrooks (vgl. 11) nehmen den bevorstehenden Niedergang gleichsam vorweg. Auf den ersten Blick scheint die großbürgerliche Kaufmannsfamilie allerdings noch ihre räumliche, soziale und ökonomische Einheit demonstrieren zu wollen. Gerade das Haus in der „Mengstraße" symbolisiert ja zunächst die soziale Einheit von Firma und Großfamilie.[31] Sowohl beruflich als auch familiär genutzt, vereint es die Bereiche von bürgerlich-kaufmännischem Erwerb und Privatleben sozusagen unter einem Dach, was sich insbesondere in der Aufteilung der einzelnen Stockwerke spiegelt: Das Erdgeschoss bildet mit der von Transportwagen passierten „Diele", den „Comptoirräumlichkeiten", der „Küche" und den „Mädchenkammern" (37) den „wirtschaftlichen Unterbau"[32] des Hauses, während die Wohn- und Repräsentationsräume in den darüber liegenden Geschossen als „kultureller Überbau" fungieren. Als tragendem Element kommt dem Unterbau folglich die Funktion zu, das Firmen- und Familienvermögen mit Hilfe der wirtschaftlichen Tätigkeit zu

---

[30] Hervorhebung der Verfasserin

[31] Vgl. zu weiterführenden Informationen besonders das Kapitel zum „Verfall des ‚ganzen Hauses'" in: Jochen Vogt: Thomas Mann: „Buddenbrooks", 2., rev. und erg. Aufl., München 1995, S. 29-37

[32] Gero von Wilpert: Das Bild der Gesellschaft. In: Buddenbrooks-Handbuch, hrsg. von Ken Moulden und Gero von Wilpert, Stuttgart 1988, S. 247

erhalten und zu steigern, um dadurch sowohl den Unterhalt der einzelnen Buddenbrooks zu sichern als auch deren repräsentativen Lebensstil. Gehobener Lebensstil und gesellschaftliches Prestige zeigen sich etwa in der bürgerlich-luxuriösen Ausstattung von „Landschaftszimmer" und „Speisesaal", zwei Hauptorten der Romanhandlung, an denen auch die Empfänge von Besuchern und Gästen stattfinden. Sprechend in Bezug auf die repräsentative Wirkung dieser Räumlichkeiten ist besonders der Ausruf von Weinhändler Köppen, der das Haus bei der Einweihungsfeier zum ersten Mal betritt: „Alle Achtung! Diese Weitläufigkeit, diese Noblesse . . . ich muß schon sagen, hier läßt sich leben, muß ich sagen . . ." (21).
Neben dem zierlichen, zum Teil gar „zerbrechlichen" (10) Mobiliar kommt die Selbststilisierung der Bewohner im „Landschaftszimmer" vor allem in den Motiven der Tapeten zum Ausdruck:

> „[Sie] zeigten umfangreiche Landschaften, zartfarbig wie der dünne Teppich, der den Fußboden bedeckte, Idylle im Geschmack des 18. Jahrhunderts, mit fröhlichen Winzern, emsigen Ackersleuten, nett bebänderten Schäferinnen, die reinliche Lämmer am Rande spiegelnden Wassers im Schoße hielten oder sich mit zärtlichen Schäfern küßten . . . Ein gelblicher Sonnenuntergang herrschte meistens auf diesen Bildern, mit dem der gelbe Überzug der weiß lackierten Möbel und die gelbseidenen Gardinen vor den beiden Fenstern übereinstimmten." (10)

Besonders die vom Erzähler hervorgehobene farbliche Abstimmung der Tapeten auf Mobiliar und Raumausstattung macht deutlich, dass es hier nicht um einen intimen Bezug der Bewohner zu dieser Art von Kunst geht, sondern allein um deren repräsentativ-dekorative Außenwirkung. Die dargestellten Inhalte fungieren entsprechend als eine Art Selbstdarstellung der emporgekommenen Familie.[33] So ist es bezeichnenderweise der Wert der Arbeit, der von den oben beschriebenen Rokokoszenen verherrlicht wird: Korreliert mit Fröhlichkeit, Idylle und Erotik wird dieser Wert zu einem beglückenden Idealzustand persönlicher Selbstzufriedenheit stilisiert, der

---

[33] Vgl. in diesem Sinne auch Gero von Wilpert: Die bildenden Künste. In: Buddenbrooks-Handbuch 1988, S. 263

mit dem kaufmännisch-nüchternen Rechenalltag nicht allzu viel zu tun haben kann. Vielmehr deutet die Überzeichnung der Arbeit bereits auf ein Defizit hin, das gerade im Bereich der persönlichen, identitätsbildenden Werte anzusiedeln ist und im Laufe der Generationen immer negativere Auswirkungen auf die Konstituierung einer eigenen Identität haben wird. Immer wieder kommt es beispielsweise zur Unterdrückung des persönlichen Wertes Liebe, insofern die soziale Stellung des potenziellen Partners mit dem familiären Werte- und Standesbewusstsein der Buddenbrooks nicht kompatibel ist - sei dieser Partner nun Schäfer oder Schäferin, Student aus einfachen Verhältnissen oder Blumenverkäuferin aus der Nachbarschaft.[34] Der Sonnenuntergang mag deshalb schon eine Vorausdeutung auf die Endlichkeit dieser arkadischen Scheinwelt darstellen, die in zunehmendem Maße von der Realität des fortschreitenden ‚Verfalls'-Geschehens zersetzt werden wird.

Auch im „Speisesaal" sind die Elemente großbürgerlicher Selbststilisierung unübersehbar. Hier sind es die gemalten Götterfiguren, die sich „weiß und stolz" auf ihren Sockeln von dem „himmelblauen Hintergrunde" der Tapete abheben (251) und „ruhig lächelnd" (47) sowohl der bürgerlichen Nahrungsaufnahme[35] als auch dem schrittweisen Auseinanderfall der Familie beiwohnen. Als ‚Verfalls'-Symbol markieren sie so entscheidende Szenen wie den Ausschluss eines Familienmitgliedes (vgl. 20, 47), die gesellschaftliche Vereinsamung des Mengstraßenhauses (vgl. 304), das letzte dort stattfindende Weihnachtsfest im großen Familienkreis (vgl. 536) oder die Aufbahrung der Konsulin Elisabeth Buddenbrook (vgl. 588), deren Tod den Verkauf des alten Hauses besiegeln wird.

---

[34] Vgl. ebd., S. 260
[35] Vgl. ebd.

2. Johann Buddenbrook Senior als Repräsentant der Firmen- und Familiennorm

2.1 Die Manifestationen von Identitäts- und Existenzsicherheit in Sprache, Aussehen und Verhalten

Monsieur Johann Buddenbrook, 1835 bereits „siebenzig" (8) Jahre alt, ist das amtierende Firmen- und Familienoberhaupt der ersten von drei Generationen, die am Beginn der Handlung das Haus in der „Mengstraße" bewohnen. Im dargestellten Familiensystem wird er das einzige Mitglied bleiben, bei dem die familiäre Lebensaufgabe von identitätsbildender Wirkung sein kann. Schon die Sprache des alten Herrn macht deutlich, dass er noch voll und ganz mit dem von ihm gelebten Leben ‚identisch' ist. Besonders charakteristisch ist dabei die Verbindung des regionalen niederdeutschen Dialekts, des Plattdeutschen, mit dem Französischen – zwei Sprachformen, die fest in seiner ‚Person' verankert sind und ihr das Instrumentarium einer persönlich-emotionalen und einer gesellschaftlich-rationalen Ausdrucksweise an die Hand geben. Das Französische ist hier auch als Bildungssprache zu verstehen und weist die Buddenbrooks noch einmal als Angehörige der oberen Gesellschaftsschicht in ‚Lübeck' aus.[36]

Zum Ausdruck kommen die unterschiedlichen Bedeutungsimplikationen beider Sprachformen bereits in dem anfänglichen Dialog zwischen Johann und seinem jüngeren Sohn, dem Konsul Johann Buddenbrook, genannt Jean. Gesprächsgegenstand ist eine Äußerung Tonys, der achtjährigen Tochter von Jean. Sie hat ihrem Großvater gerade das Zustandekommen von Blitz und Donner erklärt, wie es ihr von dem preußischen Kindermädchen Ida Jungmann beigebracht worden ist:

> „'Wenn es ein warmer Schlag ist', sprach Tony und nickte bei jedem Wort mit dem Kopfe, ‚so schlägt der Blitz ein. Wenn es aber ein kalter Schlag ist, so schlägt der Donner ein!'" (11)

---

[36] Vgl. Vogt 1995, S. 14

Gegenüber seinem Sohn, der das Kindermädchen von einer Reise mitgebracht hat, macht der alte Herr seiner Empörung über diese „Stupidität" (11) Luft, indem er ihn zunächst mit einer französischen Höflichkeitsformel anredet, der sogleich ein Ausruf des Unverständnisses folgt. Mit zunehmender Emotionalität verfällt er in den Dialekt:

> „'Excusez, mon cher! . . . Mais c'est une folie! Du weißt, daß solche Verdunkelung der Kinderköpfe mir verdrüßlich ist! Wat, de Dunner sleit in? Da sall doch gliek de Dunner inslahn! Geht mir mit eurer Preußin . . .'" (12)

Für Johann Senior ist Ida Jungmanns Gewitterweisheit offensichtlich nicht nur eine „Verdunkelung", sondern geradezu eine Verdummung seiner Enkelin. Als „aufgeklärter Mann" (12) begreift er diese Art von ‚Bildung' als gegen den Verstand gerichtet, was er auch der kindlichen Phantasie einer Achtjährigen nicht gestatten will: Er beurteilt Tonys Äußerungen zunächst ganz rational als „folie", das heißt als Torheit. Dass er sich dabei des Französischen bedient, unterstreicht, dass seine Empörung am Anfang eine rein verstandesmäßige Reaktion des Erstaunens und der Abwehr ist.[37] Der Übergang seiner Rede ins Plattdeutsche lässt sodann die persönliche Betroffenheit erkennen, die in der gesteigerten Emotionalität zum Ausdruck kommt: Die Kombination aus emphatischem Fragesatz und fluchartigem Phraseologismus zeigt, dass mit dem Verstand ein zentraler Wert verletzt worden ist, der für Johanns Denken konstitutiv ist. Der Dialekt dient folglich als direktes Ventil einer Gefühlsartikulation, in der sich das persönliche Wertebewusstsein unmittelbar manifestiert.

Für das sprachliche Verhalten dieses ältesten im Text auftretenden Familienoberhauptes lässt sich somit feststellen: Die zunächst rationale, dann emotionale Reaktion auf die Verletzung eines persönlichen Wertes macht deutlich, dass Johann Buddenbrook die eigenen Wertvorstellungen nicht nur bewusst sind, sondern dass er sie auch dann repräsentiert, wenn die

---

[37] Vgl. in diesem Sinne auch Gero von Wilpert: Sprachliche Polyphonie: Sprachebenen und Dialekte. In: Buddenbrooks-Handbuch 1988, S. 146

Kontrolle des Verstandes nachlässt. Die in seinem Bewusstsein verankerten Werte bestimmen sein Verhalten voll und ganz und lassen ihn dadurch als ‚mit sich selbst identisch' erscheinen. Von unbewussten oder gar personfremden Handlungsantrieben kann bei dieser Figur noch nicht die Rede sein.

Dieselbe ‚Identität' mit den persönlichen Werten charakterisiert auch Johanns Verhältnis zu seiner kaufmännischen Tätigkeit, wobei erneut die Korrelation mit der regionalen Sprachvariante ins Auge fällt. Als Ausdruck persönlicher und beruflicher Selbstgewissheit wird das Plattdeutsche in diesem Zusammenhang semantisiert als:

> „[...] behaglich schwerfällige Ausdrucksweise, die kaufmännische Kürze sowohl wie wohlhabende Nachlässigkeit an sich zu haben schien und die hie und da mit gutmütiger Selbstironie übertrieben wurde." (29)

Gemäß der oben genannten Ventilfunktion fungiert der Dialekt auch hier als emotionales Ausdrucksmittel, das nun explizit mit der Artikulation der positiv besetzten Eigenschaften „kaufmännische Kürze" und „wohlhabende Nachlässigkeit" in Verbindung gebracht wird. Sie sind es, die das Plattdeutsche erst zu jener „behaglich[en]" Sprechweise machen, in der die großbürgerlich-kaufmännische Sorglosigkeit ebenso präsent ist wie die Zufriedenheit mit sich und seiner Umwelt. „Kaufmännische Kürze" verweist dabei nicht nur auf den auszuübenden Beruf, sondern vor allem auf das mit ihm verbundene Wertebewusstsein: Die klare Orientierung an Zahlen, Fakten und Tatsachen ist Kennzeichen einer geordneten, rational erklärbaren Welt, deren Beherrschbarkeit sich im erzielten Gewinn genauestens messen lässt. Die „wohlhabende Nachlässigkeit" fungiert dagegen bereits als signifikantes Charakteristikum jenes repräsentativen Lebensstils, der durch den beruflichen Erwerb sowohl zu sichern als auch auszubauen ist. Bezogen auf die soziale Normalität des kaufmännischen Großbürgertums ist somit festzuhalten: Besitz und Ansehen stellen die beiden entscheidenden Werte dar, die es permanent anzustreben und aufrechtzuerhalten gilt.

Wenn der in dieser Weise semantisierte Dialekt nun mit „gutmütiger Selbstironie" übertrieben werden kann, so manifestiert sich in ihm außerdem eine Identitäts- und Existenzsicherheit, die aus dem Wissen um die Verwirklichung der eigenen Werte und Lebensziele resultiert: Man weiß, wer man ist, und was man erreicht hat, das heißt, persönliches und gesellschaftlich-familiäres Wertebewusstsein sind auch hier miteinander ‚identisch'.

Die Selbstzufriedenheit mit dem bürgerlich-kaufmännisch ausgerichteten Leben spiegelt sich ebenfalls in der äußeren Erscheinung von Johann Buddenbrook wider, so etwa in seinem „runde[n], rosig überhauchte[n] und wohlmeinende[n] Gesicht, dem er beim besten Willen keinen Ausdruck von Bosheit zu geben vermochte" (8), oder in dem Kinn, das „breit, doppelt und mit einem Ausdruck von Behaglichkeit auf dem weißen Spitzen-Jabot [ruhte]" (8). Mit dem kaufmännischen Beruf setzt er eine Tradition fort, die in seiner Familie schon ebenso lange Brauch ist wie der mit ihr verbundene Vorname: Schon der erste Buddenbrook, von dem die „Familienpapiere" berichten, dass er „Johan geheißen" (56), war von Beruf Kaufmann, und auch der Vater des alten Monsieur Buddenbrook trug bereits diesen Namen (vgl. 482). Er ist von Rostock nach ‚Lübeck' übergesiedelt, wo er 1768 die Getreidehandlung der Familie gründete. Sein Sohn hat sie in seinen Jahren als Firmenchef weit vorangebracht, wobei ihm die Steigerung des Firmenwohls geradezu zur Lebensaufgabe geworden ist: Die oben genannten Werte Besitz und Ansehen stellen für Johann Senior die zentralen, zu verwirklichenden Lebensziele dar, die sein Verhalten besonders in den vier Jahrzehnten vor Handlungsbeginn entscheidend geprägt haben. In beruflicher Hinsicht wird die verhaltensbestimmende Wirkung dieses Werte- und Standesbewusstseins vor allem in dem Opportunismus deutlich, mit dem er als Firmenchef den finanziellen und gesellschaftlichen Aufstieg der Buddenbrooks in der Vergangenheit vorangetrieben hat. So hatte er zum Beispiel keine Bedenken, die napoleonischen Freiheitskriege für seine Zwecke zu nutzen, ja sogar Profit aus ihnen zu schlagen, und ist „anno 13 vierspännig nach Süddeutschland gefahren, um als Heereslieferant für Preußen Getreide aufzukaufen" (12) – eine geistesgegenwärtige Entscheidung, mit der er „ein unglaubliches Geld" (268) verdient hat; der finanzielle Höhepunkt der familiären Getreidehandlung lag nur knapp unterhalb der Millionengrenze bei 900.000 Mark Courant (vgl. 77). In gesellschaftlicher Beziehung neigt der alte Herr allerdings noch in der Erzählgegenwart dazu, „strenge Grenzen zu ziehen und Fremden ablehnend zu begegnen" (12), was bereits seine Äußerung über das preußische Kindermädchen Ida Jungmann umschrieben hat (vgl. ebd.).

Das von Johann Buddenbrook vertretene Wertebewusstsein ist folglich streng auf den eigenen Vorteil, die Verwirklichung der eigenen Bedürfnisse gerichtet: Nicht Solidarität und Toleranz, sondern die firmen- und familienbezügliche Steigerung von Besitz und Ansehen sind die beiden Ziele, die er konstant verfolgt. Sie bilden sein persönliches Wertebewusstsein, seine (Geschäfts-) Moral und sichern ihm darüber hinaus jene „invariante Identität", in der die Voraussetzung seines existenziellen Selbst- und Standesbewusstseins besteht.

In privater Hinsicht veranschaulichen besonders die beiden Ehen des Firmenchefs, welche wachsende Bedeutung dieses Wertebewusstsein in seinem Leben gewonnen hat: Zwar scheint er seine erste Gattin, „die Tochter eines Bremer Kaufmannes, in rührender Weise geliebt zu haben" (54), doch hat die Beziehung nur ein einziges Jahr gedauert: Josephine ist unmittelbar nach der Geburt des gemeinsamen Kindes Gotthold gestorben. Bei der zweiten Lebensgemeinschaft handelt es sich dagegen schon um eine bewusst gesuchte Vernunftehe, die von Respekt, nicht von Liebe getragen wird (vgl. 55): Bereits seit 1799 ist Johann mit Antoinette Duchamps verheiratet, „dem Kinde einer reichen und hochangesehenen Hamburger Familie" (ebd.). Die finanziellen und gesellschaftlichen Werte sind demzufolge auch in den intimen Bereich vorgedrungen. Besitz und Ansehen haben den persönlichen Wert Liebe ersetzt, den Johann Buddenbrook ebenso wie seinen ältesten Sohn aus seinem Leben ausgegrenzt hat.

2.2 Verlusterfahrung als Basis des etablierten Familiensystems

Gotthold Buddenbrook hat sich schon vor Jahren mit seinem Vater überworfen, dessen „strenge[m] Verbot zum Trotz" er eine „Mesalliance" (47) aus Liebe eingegangen ist. Diese finanziell und gesellschaftlich unvorteilhafte Verbindung hatte nicht nur seinen Ausschluss aus der mit Antoinette Duchamps gegründeten, zweiten Familie seines Vaters zur Folge, sondern auch materielle Sanktionen. Aufgrund seines „rebellischen" Vorhabens hatte Johann ihm unmissverständlich mitgeteilt:

> „'[...] Mon très cher fils, du heiratest deinen Laden, Punktum. Ich enterbe dich nicht, ich mache kein spectacle, aber mit unserer Freundschaft ist es zu Ende. Hier hast du 100.000 als Mitgift, ich vermache dir andere 100.000 im Testamente, aber damit basta, damit bist du abgefertigt, es gibt keinen Schilling mehr. [...]'" (47)

Da Gottholds Halbgeschwister aus zweiter Ehe „eine tüchtige Portion mehr bekommen werden" (47), ist diese Abfindung sehr wohl gleichbedeutend mit einer partiellen Enterbung des ältesten Sohnes. Johann hatte sich in der Folgezeit „überaus grausam und völlig" (44) von ihm abgewendet, und noch in der Erzählgegenwart kämpft Gotthold vergeblich darum, zumindest eine Entschädigungssumme für seinen Anteil am neu erworbenen Haus in der „Mengstraße" zu bekommen (vgl. 18) - sein Vater hat lediglich den ersten von drei Briefen in dieser Angelegenheit beantwortet.

Auf der Ebene der Werte- und Normenlogik lässt sich Johanns strenges Verhalten zunächst wie folgt erklären: Als Firmen- und Familienoberhaupt hat er die von ihm repräsentierten Werte Besitz und Ansehen offenbar zu einer Art Familiennorm erhoben, gegen die Gotthold mit seiner Liebes-Ehe verstoßen hat. Zum einen kommt die Abfindung, die dem Sohn als Familienmitglied zugestanden worden ist, einer Schwächung des Firmenvermögens gleich, weshalb auch die weiteren Forderungen bezüglich des Mengstraßenhauses als „faux-frais" (46) abgeschmettert werden, als unnötige Nebenkosten. Zum anderen hat Gotthold mit seiner Ehe das soziale Prestige der Familie verletzt: Er ist Inhaber der kleinen Leinenhandlung Siegmund Stüwing & Companie geworden, eines „Laden[s]", wie sein Vater abwertend festgestellt hat. Auch die Ehefrau des Sohnes wird er immer nur abfällig als „Mamsell Stüwing" (47) bezeichnen. Trotz der drei (Enkel-) Kinder, die aus der Verbindung hervorgegangen sind, werden die beiden Familien zu Lebzeiten Johann Buddenbrooks gesellschaftlich nicht miteinander verkehren.

Bis zu diesem Punkt kann man den Ausschluss Gottholds also durchaus als bloße Folge seines eigenverantwortlichen Verstoßes gegen die familiären Wert- und Normvorstellungen lesen. Was ein solcher Verstoß allerdings nicht mehr erklärt, ist die Tatsache, dass Johann das Kind Josephines offensichtlich schon von Geburt an mit materiellen und immateriellen Sanktionen aus seinem Leben ausgegrenzt hat. So lässt zum Beispiel der Vorname Gotthold darauf schließen, dass dieser erstgeborene Sohn niemals mit der Übernahme der väterlichen Getreidefirma beauftragt werden sollte. Es ist bezeichnenderweise erst der vier Jahre jüngere Halbbruder, der mit dem traditionellen Namen Johann zugleich zum Firmennachfolger bestimmt worden ist. Auch Antoinettes Befürchtung, „Gotthold glaub[e], daß [sie], seine Stiefmutter, nur für [ihre] eigenen Kinder sorge und ihm seinen Vater geflissentlich entfremde" (19), deutet an, dass das Vater-Sohn-Verhältnis schon von jeher nicht das beste gewesen ist. Der Grund dafür ist allerdings nicht die böse Stiefmutter, sondern eine unbewältigte Verlusterfahrung des alten Herrn: Er hat in seinem ältesten Sohn nie etwas anderes gesehen als „den ruchlosen Zerstörer seines Glückes" (55), den er für den Tod seiner ersten Frau, der Mutter Gottholds, verantwortlich macht. „Wunderliche Bemerkungen" Johanns sind darüber in den „Familienpapieren" zu finden:

> „[Er] schien dieses neue Wesen ehrlich und bitterlich gehaßt zu haben, von dem Augenblick an, wo seine ersten kecken Regungen der Mutter gräßliche Schmerzen bereitet hatten, - gehaßt zu haben, bis es gesund und lebhaft zur Welt kam, während Josephine, den blutleeren Kopf in die Kissen gewühlt, verschied, - und niemals diesem skrupellosen Eindringling, der kräftig und sorglos heranwuchs, den Mord der Mutter verziehen zu haben . . ." (55)

Für Johann Buddenbrook ist Josephine demzufolge nicht einfach bei der offensichtlich komplizierten Geburt des gemeinsamen Kindes gestorben; dieses Kind, Gotthold Buddenbrook, soll sie geradezu vorsätzlich „zu Grunde gerichtet" (55) haben. In den Augen des Vaters ist der Sohn damit nicht nur zum Mörder der eigenen Mutter geworden, sondern auch zum „skrupellosen Eindringling", der ihm einen entscheidenden Verlust zugefügt hat: Er hat ihm die Frau genommen, die er „in rührender Weise" (54) geliebt haben muss und der er darüber hinaus das glücklichste Jahr seines Lebens verdankt - „'L'année la plus heureuse de ma vie' stand dort [in den „Familienpapieren"], [...]" (55).

Für die Zerstörung seines Glücks wird Johann das Kind nicht nur ein Leben lang hassen und ausgrenzen, er wird auch seinerseits versuchen, dessen späteres Glück zu zerstören. Die materiellen und immateriellen Sanktionen, mit denen Gottholds „Mesalliance" bedacht wird, können zwar nicht verhindern, dass dieser Buddenbrook als einziger „in den Armen seiner [geliebten] Gattin" stirbt (274), doch machen seine drei Töchter die Kehrseite der Verbindung deutlich: „Aufgrund ihrer mangelhaften Mitgift waren ihre Ehechancen mehr als gering. Alle drei wurden und blieben ‚alte Jungfern'".[38]

Aufgrund der Sanktionen seines Vaters hat Gotthold den persönlichen Wert Liebe folglich nur durch den Verlust von Besitz und Ansehen erringen können, zum einen, weil er gegen beide Werte verstoßen hat, vor allem aber, weil er mit seiner Liebes-Ehe genau den Wert für sich in Anspruch nimmt, den er seinem Vater genommen haben soll. Dass Johann diesen Verlust nicht bewältigt haben kann, lässt sein Verhalten nach Josephines Tod unmissverständlich deutlich werden: Seine bewusste Entscheidung für eine konventionelle Vernunftehe zeigt, dass er den Wert Liebe einfach aus seiner ‚Person' ausgegrenzt und durch die Werte Besitz und Ansehen er-

---

[38] Michael Vogtmeier: Die Familien Mann und Buddenbrook im Lichte der Mehrgenerationen-Familientherapie. Untersuchungen zu Thomas Manns »Buddenbrooks. Verfall einer Familie«, (Europäische Hochschulschriften: Reihe 1, Deutsche Sprache und Literatur, Bd. 996), Frankfurt/Main 1987, S. 121

setzt haben muss. Die auf diesen Werten basierende Firmen- und Familiennorm kann also auch erst infolge jener bewussten und gewollten Substituierung ihren identitätsbildenden Status gewonnen haben, denn erst nach dem Tod Josephines sind ja finanzielle und gesellschaftliche Interessen zu den ausschließlichen persönlichen Werten geworden. Dass Johann mit Antoinette die diesem Wertebewusstsein adäquate Partnerin gewählt hat, bringt besonders eine Anekdote aus der napoleonischen Besatzungszeit humoristisch überspitzt zum Ausdruck: Der drohende Diebstahl ihrer silbernen Löffel lässt die Repräsentantin des materiellen Besitzes sogleich an Selbstmord denken: Sie will „in die Trave" (25) gehen, was nur durch die partielle Rückeroberung ihres Silbergeschirrs durch Pastor Wunderlich verhindert wird.[39]

Die Substituierung von Liebe durch Besitz und Ansehen verdeutlicht allerdings auch das Defizit, auf dem das Familiensystem der Buddenbrooks gegründet ist, was vor allem der Tod Antoinettes zu erkennen gibt. Der „wilden Verzweiflung", die Johann am Sterbebett seiner ersten Gattin empfunden hat, kontrastiert die „nachdenkliche Wehmut", die ihn beim Anblick der sterbenden Antoinette befällt, einer Frau, die ihm im Gegensatz zu Josephine „niemals ein großes Glück", aber auch „niemals einen großen Schmerz" bereitet hat (70). Die Höhen und Tiefen eines emphatischen Lebens, das mit dem persönlichen Wert Liebe verbunden ist, hat er durch ein bürgerlich-gemäßigtes Leben zum Wohl von Firma und Familie ersetzt. Der Verlust der gesteigerten Emotionen, den diese gemäßigte Lebensform impliziert, ist für die Nachkommen des alten Monsieur Buddenbrook bereits zum Teil jener tradierten sozialen Normalität geworden, die aufs Engste mit der an Besitz und Ansehen orientierten Firmen- und Familiennorm verbunden ist.

Indem Gotthold nun ganz offen gegen die familieninterne Realität verstößt, deckt er zugleich den entscheidenden Schwachpunkt auf, der letztlich auch

---

[39] Vgl. in diesem Sinne auch Herbert Lehnert: Thomas Mann. Fiktion, Mythos, Religion, Stuttgart u.a. 1965, S. 83; Vgl. ebf. Vogt 1995, S.21

zum ‚Verfall' der Buddenbrooks führen wird: Ein Familiensystem, das in erster Linie von finanziellen und gesellschaftlichen Wertvorstellungen getragen wird, kann seine Mitglieder nur so lange integrieren, wie die Vorstellungen von ihnen geteilt werden. Darüber hinaus kann ein solchermaßen normatives Wertebewusstsein nur so lange positiv auf die Identität der einzelnen Familienmitglieder zurückwirken, wie es mit deren persönlichen Wertvorstellungen ‚identisch' ist. Bei Johann Buddenbrook stellt sich diese ‚Identität' noch ein, weil bei ihm die Substituierung des persönlichen Wertes Liebe durch eine entsprechend große und unwiderrufliche Verlusterfahrung motiviert ist. Gotthold dagegen, der nie das beste Verhältnis zu seinem Vater gehabt hat, scheint auch die etablierten Werte und Normen nicht mit der gleichen Ausschließlichkeit übernommen zu haben. Im Gegensatz zu seinen Halbgeschwistern ist es dem „Stiefbruder" (19) deshalb möglich, ein normabweichendes, persönliches Wertebewusstsein zu entwickeln und mit dem Firmen- und Familiensystem der Buddenbrooks zu brechen. Durch die daraus resultierende Teilenterbung und durch den Ausschluss aus der Familie stellt Gotthold schon zu Handlungsbeginn einen „heimliche[n] Riß" (48) im neu erworbenen Mengstraßenhaus dar. Auf den zweiten Blick steht dieser Hauptwohnsitz damit nicht mehr für die bestehende, sondern für die auseinander brechende soziale Einheit von Firma und Familie.

3. Konsul Johann Buddenbrook und die beginnende Selbstentfremdung

3.1 Die Spaltung der ‚Person' als Resultat der internalisierten Firmen- und Familiennorm

Der Konsul Jean ist dem Firmen- und Familiensystem der Buddenbrooks viel stärker verhaftet als sein Halbbruder Gotthold, nicht etwa, weil das von seinem Vater etablierte Wertebewusstsein mit seinen personeigenen Antrieben übereinstimmen würde, sondern weil er es als etwas Gegebenes verinnerlicht hat - als eine unumstößliche Norm, der er glaubt, in seinem Leben gerecht werden zu müssen. Das daraus resultierende Pflichtbewusstsein spiegelt sich zum Beispiel in der äußeren Erscheinung des Konsuls wider, vor allem in jenen individuellen Zügen, von denen die ansonsten typische Familienähnlichkeit mit Johann Buddenbrook unterlaufen wird:[40]

> „Er [Jean] hatte die ein wenig tief liegenden, blauen und aufmerksamen Augen seines Vaters, wenn ihr Ausdruck auch vielleicht träumerischer war; aber seine Gesichtszüge waren ernster und schärfer, seine Nase sprang stark und gebogen hervor, und die Wangen, bis zu deren Mitte blonde, lockige Bartstreifen liefen, waren viel weniger voll, als die des Alten." (9)

Von der wohlmeinenden Behaglichkeit, die der alte Monsieur Buddenbrook noch aufgrund der ‚Identität' mit den persönlichen Werten und Zielen ausstrahlen konnte, ist bei seinem Sohn nichts mehr zu spüren. Vielmehr stellen dessen ernstere und schärfere Züge mit dem „vielleicht" träumerischeren Ausdruck eine markante Abweichung zu der selbstgewissen und -zufriedenen Erscheinung des Vaters dar. Auch die Kleidung von Jean unterstreicht das gezwungene Moment seines Auftretens. So schließen sich

---

[40] Vgl. in diesem Sinne auch Helmut Koopmann: Die Entwicklung des ‚intellektualen Romans' bei Thomas Mann. Untersuchungen zur Struktur von „Buddenbrooks", „Königliche Hoheit" und „Der Zauberberg", (Bonner Arbeiten zur Deutschen Literatur, Bd. 5), Bonn 1962, S. 150

etwa die Ärmel seines Rockes „*eng* um die Hand", und sein Kinn schmiegt sich in die „*steifen* Vatermörder" (9),[41] als hätte es eine Stütze nötig.[42] Denkt man in diesem Kontext an das runde, rosig überhauchte Gesicht Johanns (vgl. 8), so erscheinen die „viel weniger voll[en]" Wangen seines Sohnes nahezu eingefallen - ein Zeichen nachlassender körperlicher Vitalität, das sich bereits als beginnende ‚Verfalls'-Spur werten lässt. Die für diese Figur charakteristische „nervöse[] Bewegung" (9) deutet denn auch in die gleiche Richtung. Wichtig für die Bestimmung der ‚Verfalls'-Ursache ist dabei zunächst die Korrelation von Jeans „Nervosität" (172) mit seiner kaufmännischen Tätigkeit. Während der traditionelle Familienberuf von Johann Senior noch zur Verwirklichung der eigenen Werte und Ziele genutzt worden ist, sich also mit dessen Wertebewusstsein bestens vereinbaren ließ, scheint er sich bei Jean geradezu negativ auf die körperliche Konstitution auszuwirken: Schon in seiner „Jugend" ist die Nervenschwäche bei ihm akut geworden, und zwar bezeichnenderweise während eines Arbeitsaufenthalts in Antwerpen: „[...] von dort [mußte er sogar] nach Ems gehen [...], um die Kur zu gebrauchen" (ebd.).

Aufschlussreich sind in diesem Zusammenhang vor allem die zeitgenössischen Implikationen von Nervosität oder Neurasthenie, zwei Begriffen, die für den damaligen Leser längst zu vertrauten Stichworten geworden waren. Bereits in den 1870er und 80er Jahren zum „Modewort" avanciert,[43] verbreitete sich zur Zeit der Jahrhundertwende auch innerhalb der neurologischen Literatur die Auffassung, „daß es sich bei der ‚Nervosität' nicht nur um einen Zustand der Nerven, sondern auch um einen des Geistes und der Seele handle".[44] Auch psychische Belastungen kamen also als Auslösefaktoren in Betracht und waren vor allem in beruflicher Hinsicht anerkannt.

---

[41] Hervorhebungen der Verfasserin

[42] Vgl. Klaus-Jürgen Rothenberg: Das Problem des Realismus bei Thomas Mann. Zur Behandlung von Wirklichkeit in den „Buddenbrooks", Köln 1969, S. 110

[43] Vgl. dazu Joachim Ratkau: Neugier der Nerven. Thomas Mann als Interpret des „nervösen Zeitalters". In: Thomas Mann Jahrbuch 9 (1996), S. 29

[44] Ebd. S. 31

Ein zeitgenössisches Konversationslexikon, das Thomas Mann auch an anderer Stelle als Quelle für seinen Roman verwendet haben dürfte,[45] nennt zum Beispiel die „erhöhten Ansprüche[] an die geistige und körperliche Leistungsfähigkeit"[46] als Ursache der Nervenschwäche im weitesten Sinne. Neben den „zartere[n] Frauen" seien unter anderem jene Männer betroffen, „denen ihre schwere Berufspflicht, die angespannte Geistesarbeit, der rastlose Kampf ums Dasein mehr Arbeit zugemutet hat, als Körper und Geist auf die Dauer ohne Schaden ertragen können."[47] Weit verbreitet war außerdem die umstrittene Ansicht, dass es sich bei der Neurasthenie um eine vererbbare und durch Vererbung steigerbare Krankheit handeln würde.[48] Dieser letzte Aspekt trifft auf den Konsul Johann allerdings noch nicht zu, denn das Stichwort „Nervosität" (172) fällt bei ihm zum ersten Mal. Für das Ausbrechen dieser Erkrankung muss es folglich einen Auslösefaktor geben, von dem die erste Buddenbrook-Generation noch nicht betroffen war. Die Korrelation von Krankheitsausbruch und Jeans kaufmännischer Tätigkeit legt deshalb die Vermutung nahe, dass es gerade in beruflicher Hinsicht ein belastendes Moment geben muss, das ihn von seinem Vater unterscheidet und das demzufolge auch für die Semantisierung der „Nervosität" von Bedeutung ist.

Laut traditionellem Namensprinzip ist Jean schon von Geburt an zum Firmennachfolger Johanns bestimmt worden, das heißt, es handelt sich bei dem Beruf des Kaufmanns um eine familiär gesetzte Aufgabe, in deren Bewusstsein er aufgewachsen und erzogen worden ist. Von einer Auflehn-

---

[45] Zu nennen ist in diesem Zusammenhang insbesondere der Quellennachweis zum sogenannten Typhus-Kapitel, in dem das Sterben von Hanno Buddenbrook umschrieben wird. Als Vorlage ist auch in diesem Fall die 4. Auflage von Meyers Konversations-Lexikon nachgewiesen worden. Vgl. dazu Christian Grawe: „Eine Art von höherem Abschreiben". Zum „Typhus"-Kapitel in Thomas Manns *Buddenbrooks*. In: Thomas Mann Jahrbuch 5 (1992), S. 115-124

[46] Meyers Konversations-Lexikon. Eine Encyklopädie des allgemeinen Wissens, 4. Aufl., Bd. 12: Nathusius – Pflegmone, Leipzig 1889, S. 61

[47] Ebd.

[48] Vgl. dazu Ratkau 1996, S. 37

nung gegen ein solchermaßen vorbestimmtes Leben ist nicht die Rede. Vielmehr unterstreicht gerade die Verurteilung des Halbbruders als „ungehorsamen und rebellischen Sohn" (19), dass Jean die tradierten Wertvorstellungen des Vaters zumindest partiell internalisiert haben muss: Er gibt Gotthold aufgrund seiner „Mesalliance" die Hauptschuld an dem schlechten Familienverhältnis. Antoinette gegenüber bringt er diese normkonforme Bewertung sogar in einem an Johann erinnernden Vokabular zum Ausdruck:

> „'Es ist seine [Gottholds] Schuld, dies traurige Verhältnis! Urteilen Sie selbst! Warum konnte er nicht vernünftig sein! Warum mußte er diese *Demoiselle* Stüwing heiraten und den . . . *Laden* . . .' Der Konsul lachte ärgerlich und verlegen bei diesem Worte. ‚Es ist eine Schwäche, Vaters Widerwille gegen den *Laden*; aber Gotthold hätte diese kleine Eitelkeit respektieren müssen . . .'" (19)[49]

„Vernünftig sein" bedeutet für Jean offenbar, sich im Zweifelsfall dem Willen des Vaters zu beugen, das heißt, die von Johann Senior repräsentierte Firmen- und Familiennorm ist für ihn auch dann von Vorrang, wenn sie sich gegen die eigenen Wertvorstellungen richtet. Im Gegensatz zu Gotthold ist sein Verhalten folglich nicht auf das normverletzende Verwirklichen persönlicher Lebensziele ausgerichtet, sondern auf die normkonforme Bindung an die Familie sowie auf die daraus resultierende Loyalität gegenüber dem amtierenden Firmen- und Familienoberhaupt - selbst dann, wenn dessen Vorgehen als „Schwäche" und „kleine Eitelkeit" gewertet wird.

Die hier zum Ausdruck kommende indirekte Abwertung des zugleich respektierten und befürworteten väterlichen Verhaltens legt für die Identitäts- und Existenzproblematik des Sohnes folgende Vermutung nahe: Zum einen scheint in der ‚Person' des Konsuls nicht nur das von Johann Senior übernommene Wertebewusstsein verankert zu sein, sondern auch eine weitere, figurenspezifische Moral; zum anderen scheint diese Moral im Konfliktfall

---

[49] Hervorhebungen der Verfasserin. Zur Übereinstimmung des Vokabulars mit dem von Johann Senior vgl. *Buddenbrooks*, S. 47

mit der Firmen- und Familiennorm zweitrangig zu werden, so dass Jean den personeigenen Antrieben zum Trotz fremdbestimmt im Sinne des Vaters handeln kann.

Aufschlussreich ist in dem Zusammenhang ein Blick auf den Verlauf des inneren Konflikts, den Gottholds Forderung nach einer „Entschädigungssumme für den Anteil am [Mengstraßen]Hause" (18), das heißt am Vermögenszuwachs von Firma und Familie,[50] in Jean auslöst. Die anfängliche Ratlosigkeit, die er in dieser Angelegenheit an den Tag legt (vgl. 20, 46), verdeutlicht und konkretisiert noch einmal die Gespaltenheit seiner ‚Person': Als Teilhaber und zukünftiger Chef der väterlichen Getreidehandlung hat er „die Interessen der Firma zu vertreten" (19), mit anderen Worten: Das ökonomische Familieninteresse ist von übergeordneter Bedeutung, und die Erfüllung der Forderung Gottholds als Schwächung des Betriebskapitals abzulehnen (vgl. 20). „Persönlich" (19), das heißt als Privatperson und Bruder Gottholds, möchte er der Forderung dagegen stattgeben, da ihm im Gegensatz zu seinem Vater an der Wiederherstellung der sozialen Familieneinheit gelegen ist. Es lassen sich folglich zwei einander entgegengesetzte Moralitäten für die ‚Person' des Konsuls konstatieren: die übernommene (Geschäfts-) Moral von Johann Senior und eine Art persönliche (Sozial-) Moral. Die Internalisierung der Firmen- und Familiennorm hat somit zur Spaltung des Figurenbewusstseins geführt, dessen normkonformem Bewusstseinspart die personfremden Antriebe unreflektiert übernommener Wertvorstellungen zugrunde liegen, während sich im normabweichenden Part die personeigenen Antriebe manifestieren.

Dass es sich bei dem normabweichenden Part tatsächlich um das persönliche Wertebewusstsein handelt, wird auch durch dessen ‚Identität' mit den Gefühlsäußerungen der Figur unterstrichen. So zeigt sich Jean etwa „bedrückt" (47) aufgrund des Familienzwistes und will zunächst vermeiden, dass es aussieht, „als ob [er], der Stiefbruder, [s]ich bei den Eltern eingenistet hätte und gegen Gotthold intrigierte . . ." (19). Eine Entscheidung

---

[50] Vgl. Vogt 1995, S. 19

gegen den eigenen Bruder ist mit seinen personeigenen Antrieben nur schwer zu vereinbaren. Im Gespräch mit Johann Senior gipfeln diese Bedenken sogar in dem für den weiteren Handlungsverlauf geradezu prophetischen Ratschlag: „'[...] Eine Familie muß einig sein, muß zusammenhalten, Vater, sonst klopft das Übel an die Tür . . .'" (48). Anders ausgedrückt: Eine Familie, die sich gegen ihre eigenen Mitglieder wendet, wird sich zwangsläufig selbst zerstören.

Von der Identitätslogik her wäre an dieser Stelle zu erwarten, dass die (Sozial-) Moral Jeans weiteres Verhalten bestimmt, das heißt, er müsste sich in dem Dialog mit seinem Vater für einen Verstoß gegen die Firmen- und Familiennorm entscheiden oder sie zumindest auf ihre Gültigkeit bezüglich seiner persönlichen Werte hinterfragen. Stattdessen kommt es zu einer plötzlichen Verhaltensänderung: Eine Gesprächspause tritt ein, während der der Konsul zu rechnen beginnt, und am Ende seiner kaufmännischen Kalkulation entscheidet die (Geschäfts-) Moral den Konflikt ganz klar für sich. Ausschlaggebend ist dabei die Überlegung, dass ein Zugeständnis gegenüber Gotthold auch die Endgültigkeit der gegen ihn verhängten materiellen Sanktionen infrage stellen würde, so dass der „Stiefbruder" (19) nach dem Tod von Johann Senior ein gleich großes Erbe wie seine Halbgeschwister beanspruchen könnte, „und dann handelt es sich für die Firma um einen Verlust von Hunderttausenden" (48). Angesichts dieser materiellen Erwägungen ergreift Jean umgehend die Partei seines Vaters und erklärt entschieden: „'[...] Nein, Papa!' [...]. ‚Ich muß Ihnen abraten, nachzugeben!'" (48). Den moralischen Skrupeln von Seiten seines persönlichen Wertebewusstseins ist der Boden entzogen.

Aussagekräftig für die Interpretation des abrupten Verhaltensumschwungs sind besonders die Augen Jeans, die plötzlich „so kalt und aufmerksam [werden], wie sie während des ganzen Nachmittags noch nicht darein geschaut hatten" (ebd.). Das Adjektiv ‚aufmerksam' weist hier noch einmal auf den ererbten Augenausdruck und damit auf die typenhafte Ähnlichkeit mit Johann Senior zurück (vgl. 9), dessen familiär etabliertes Bewusstsein sich ja durchgesetzt hat. Die Kälte des Blicks lässt allerdings erneut die individuelle Abweichung Jeans erkennen: Als Gefühlskälte verstanden steht dieser Ausdruck ebenso für das erforderliche Abschalten der persönlichen Wertvorstellungen wie für die Unterdrückung der mit ihnen korrelierten Emotionen.

Für die Identitäts- und Existenzproblematik der Figur kann somit Folgendes festgestellt werden: Die personeigenen Antriebe haben bei Jean zwar zur Konstituierung eines persönlichen Wertebewusstseins geführt, doch dominiert im Konfliktfall mit der Firmen- und Familiennorm nichtsdestotrotz der normkonforme Bewusstseinspart seiner ‚Person'. Der normabweichende, identitätsbildende Part wird dagegen als belastendes Moment erfahren, das Jean gerade in beruflicher Hinsicht von seinem Vater unterscheidet: So begegnet die charakteristische „nervöse Bewegung" (44) des Konsuls auch im oben genannten Gespräch mit Johann, und zwar bezeichnenderweise, während sich die beiden Moralitäten noch im Konflikt befinden. Nach der Lösung des Konflikts wird von dieser Bewegung nicht mehr die Rede sein. Vielmehr nimmt Jean sogleich eine gerade aufgerichtete Körperhaltung an, denn das ihn belastende Moment ist hier bereits ausgeschaltet worden: Die sozial-moralischen Skrupel sind den Anforderungen des Familiensystems gewichen. Bei dem Auslösefaktor der Nervosität, der in der ersten Buddenbrook-Generation noch nicht zu finden war, muss es sich also um die persönlichen Wertvorstellungen handeln, gegen die die von Johann etablierte (Geschäfts-) Moral immer wieder aufs Neue durchzusetzen ist. Von einer ‚Identität' des realisierten Lebens mit den personeigenen Antrieben lässt sich bei dem Konsul Buddenbrook demzufolge nicht mehr reden. Vielmehr zwingt er sich geradezu in eine familiäre Rolle hinein, der gegenüber das persönliche Wertebewusstsein als zweitrangig gesetzt wird. Zum Ausdruck kommt diese bewusste Abstufung zum Beispiel in dem Gespräch mit Gotthold, das unmittelbar nach dem Tod des gemeinsamen Vaters stattfindet. Als neues Firmen- und Familienoberhaupt bekräftigt Jean seine normkonforme Haltung dem Halbbruder gegenüber hier noch einmal wie folgt:

> „'Ich habe dir in diesem schweren und ernsten Augenblick meine Hand als Bruder gereicht; was aber geschäftliche Dinge betrifft, so kann ich dir immer nur als Chef der ehrwürdigen Firma gegenüberstehen, deren alleiniger Inhaber ich heute geworden bin. Du kannst nichts von mir gewärtigen, was den Verpflichtungen widerspricht, die mir *diese* Eigenschaft auferlegt; meine sonstigen Gefühle müssen schweigen.'" (72)

Zutage tritt bei dieser Erklärung vor allem der normative Charakter, der der Rolle des Firmenchefs beigemessen wird. So ist hier von den auferlegten Verpflichtungen die Rede, denen gegenüber die sonstigen Gefühle und damit auch die persönlichen Werte zum Schweigen verurteilt sind. Für das neue Familienoberhaupt ist das Wohl der Getreidehandlung ebenso wie für Johann Senior von absoluter Priorität, und der Erzähler wird wenig später nicht ohne Grund von der „Firma" als von „diesem vergötterten Begriff" (75) reden. Wichtig für das Verständnis von Jeans selbstbezwingerisch-normkonformem Verhalten ist nämlich nicht nur die Internalisierung der familiären Werte, sondern auch die Funktion seines „schwärmerische[n] Bibel-Christentum[s], das [er] mit einem sehr praktischen Geschäftssinn zu verbinden [weiß]" (652). Mit anderen Worten: Der Konsul Buddenbrook sieht sein Handeln im Sinne der väterlichen (Geschäfts-) Moral auch von einer transzendentalen Instanz aus gefordert, deren Willen er über die persönlichen moralischen Skrupel stellen kann. Seine Rolle als Firmenchef interpretiert er deshalb als gottgewollte Lebensaufgabe, bei der er sich darauf verlässt, dass der Herr ihm seine Arbeitskraft erhalten wird, „damit [er] mit seiner gnädigen Hilfe das Vermögen der Firma auf die ehemalige Höhe zurückführen kann . . ." (79). Das Auffällige an diesem „religiös" motivierten Arbeitsethos ist vor allem die Übereinstimmung des postulierten göttlichen Willens mit dem Wertebewusstsein von Johann Buddenbrook Senior - eine Übereinstimmung, die den Pseudocharakter der Religiosität entlarvt.[51] Der Glaube wird hier zur Selbsttäuschung verwendet, denn Jean legitimiert die Fremdbestimmtheit von Seiten des Vaters einfach durch die Fremdbestimmtheit von Seiten einer übergeordneten Transzendenz, die

---

[51] Vgl. in anderem Zusammenhang auch Lehnert 1965, S. 78

ihm außerdem den Sinn seines selbstentfremdeten Lebens verbürgen soll.[52] Dementsprechend lauern hinter dieser Täuschung bereits die Gefahren, aber auch die dunklen Verlockungen existenzieller Verunsicherung, die schon in der nächsten Familiengeneration massiv zum Durchbruch kommen werden.

Die Konstruiertheit von Jeans Glauben zeigt sich allerdings auch schon in der ‚religiös' durchsetzten Sprache, die diese Figur weitaus treffender charakterisiert als der zur beruflichen Notwendigkeit degradierte Dialekt Johanns. Das Plattdeutsche vergisst der Konsul „vor Indignation" schon mal zu sprechen (vgl. 191), wohingegen er bei den Dankesgebeten in den „Familienpapieren" kein Ende finden kann. Die Einträge geben denn auch sehr schnell die Zwanghaftigkeit eines Glaubens zu erkennen, den Jean nicht einmal in einer persönlichen Ausdrucksweise artikulieren kann. So schreibt er etwa anlässlich der Geburt seiner jüngsten Tochter Clara „von der köstlichen Quelle, die den müden Wandersmann labt, von des Seligmachers heiligen, bluttriefenden Wunden, vom engen und vom breiten Wege" (52) und verwendet hier wie anderwärts ein automatisch abspulbereites „Konglomerat von vorgeprägten Wendungen aus verschiedenen religiösen Texten: Psalmausdrücke [...] mischen sich mit Evangelienworten, mit Gebetformeln und Stücken aus den Kirchenliedern der Barockzeit mit ihrer Jesusminne".[53] Folglich ist es auch nicht der Konsul persönlich, der hier Zwiesprache mit seinem Schöpfer hält, sondern es ist „die Feder", die „Zeile für Zeile zu Gott [redete]" (51). Sie ist das selbständig handelnde Subjekt, das die Religiosität dieser Figur noch einmal als reines Konstrukt vorgegebener Wahrheiten bloßstellt - als Mittel einer Selbsttäuschung, das dem Konsul Johann Buddenbrook ein Handeln im Sinne jener familiären Werte und Normen ermöglicht, die er auf der Ebene seiner Identitäts- und Existenzproblematik längst nicht mehr repräsentieren kann.

---

[52] Vgl. Vogt 1995, S. 64
[53] Christian Grawe: Struktur und Erzählform. In: Buddenbrooks-Handbuch 1988, S. 96

3.2 Das Gesetz der „guten Partie" und die beginnende Divergenz von innerer und äußerer Familienwirklichkeit

Selbstentfremdung und Selbsttäuschung sind auch für die Ehe des Konsuls mit Elisabeth Buddenbrook, geborene Kröger, von grundlegender Bedeutung. So erfährt der Leser etwa über das Zustandekommen dieser Verbindung das Folgende:

> „Sein [Jeans] Vater hatte ihm auf die Schulter geklopft und ihn auf die Tochter des reichen Kröger, die der Firma eine stattliche Mitgift zuführte, aufmerksam gemacht, er war von Herzen einverstanden gewesen und hatte fortan seine Gattin verehrt, als die ihm von Gott vertraute Gefährtin . . ." (54)

Vor dem Hintergrund der soeben erörterten Lebensproblematik fallen hier zwei Dinge sofort ins Auge: Zum einen ist es selbst im Bereich der Partnerwahl der Vater, Johann Buddenbrook Senior, der mit seiner (Geschäfts-) Moral den verhaltensbestimmenden Impuls für die Mitgift-Ehe seines Sohnes gibt; zum anderen legitimiert Jean auch die nunmehr ökonomisch motivierte Ehe mit Hilfe seiner Pseudoreligiosität: Die dem Wohl der Firma förderliche Braut wird von ihm umgehend zur „von Gott vertrauten Gefährtin" erhoben. Sogar bei der Entscheidung über seine zukünftige Partnerin handelt der Konsul also in doppelter Hinsicht selbstentfremdet: fremdbestimmt von Seiten des Vaters und von dem Konstrukt einer „Religiosität", mit dem er die Firmen- und Familiennorm vor sich selbst rechtfertigen muss.

Die dazu notwendige Unterdrückung des persönlichen, identitätsbildenden Wertebewusstseins lässt sich in diesem Zusammenhang ebenfalls rekonstruieren. So schreibt Jean etwa kurz vor seiner Heirat folgende Anmerkung in die Familienpapiere: „'Ich könnte gar Vieles anführen', [...], ‚wenn ich gewillt wäre, meine Leidenschaften zu entdecken, allein . . .'" (54). Die Leidenschaften, das heißt, die gesteigerten Emotionen eines emphatischen, mit dem persönlichen Wert Liebe korrelierten Lebens, werden hier ganz im Sinne der tradierten sozialen Normalität der Buddenbrooks nicht realisiert, obwohl beziehungsweise weil sie als normabweichendes Antriebspotenzial der ‚Person' bewusst sind. Das „von Herzen" von Jeans Einwilligung in die konventionelle Mitgift-Ehe wird dadurch zumindest auf der Ebene des persönlichen Wertebewusstseins entscheidend relativiert. Dementsprechend überrascht es nicht weiter, wenn er vor sich selbst zugeben muss: „Diese Verbindung war, sollte er ehrlich sein, nicht gerade das gewesen, was man eine Liebesheirat nennt" (ebd.). Erneut ist es die Sprache, die hier zweierlei verrät: Das Wissen um den persönlichen Liebesverzicht ist nicht nur ebenso bewusstseinsfähig wie die (Sozial-) Moral des Konsuls; er versucht es auch in ähnlicher Weise bewusst zu unterdrücken. Besonders die Parenthese „sollte er ehrlich sein", aber auch das unpersönlich-distanzierte Pronomen „man" verdeutlichen, dass er dieses Wissen vor sich selbst herunterspielt. Nur so ist es ihm offensichtlich möglich, auch den persönlichen Wert Liebe der religiös gestützten Firmen- und Familiennorm unterzuordnen und somit dem buddenbrookschen Gesetz der „guten Partie" Folge zu leisten. Denn: „Mit der zweiten Heirat seines Vaters hatte es sich ja nicht anders verhalten" (ebd.) - mit einem Unterschied: Bei Johann Senior ist die konventionelle Ehe noch durch eine persönliche Verlusterfahrung motiviert gewesen; Jean geht sie dagegen aufgrund der unreflektierten Übernahme einer internalisierten Norm ein. Dementsprechend verkehrt sich die vom Vater vollzogene Substituierung persönlicher Werte bei ihm zur selbstentfremdenden Unterdrückung jenes normwidrigen Bewusstseinsteils, in dem sich die personeigenen Antriebe manifestieren.

Der Ehe selbst kommt im weiteren Handlungsverlauf die Funktion zu, die beginnende Auseinanderentwicklung von äußerer und innerer Familienwirklichkeit sichtbar zu machen, die der Gespaltenheit von Jeans ‚Person' korrespondiert. So wählt er mit Elisabeth Kröger, genannt Bethsy, eine normadäquate Partnerin, deren Wertebewusstsein von der innerfamiliären Problematik der Buddenbrooks immer nachhaltiger unterminiert werden wird.

Die Konsulin definiert sich zunächst noch ganz selbstverständlich über den Wert der Repräsentation, das heißt, die familiäre Selbstdarstellung im Sinne der großbürgerlichen Vermögensverhältnisse wirkt ganz unmittelbar auf ihr Selbstbewusstsein zurück und evoziert somit die Konstituierung jener „invarianten Identität", die diese Figur in unmittelbare Nähe zu Johann Buddenbrook Senior rückt. Seinem „Geschmacke" pflegt sie denn auch in der Regel „beizupflichten" (13). Den sinnfälligsten Ausdruck findet Bethsys existenzielles Selbst- und Standesbewusstsein wohl in der exklusiven Frisur ihres rötlichen Haares, das „auf der Höhe des Kopfes zu einer kleinen Krone gewunden [ist]" (9) - ein Symbol, das auch auf die „feudalen Neigungen" (59) ihrer Herkunftsfamilie verweist, die zu Handlungsbeginn ebenfalls noch zu den ersten Kreisen der Stadt gehört. Auch der Aufgabenbereich, den die Konsulin gemäß ihrer Rolle als Frau im Familiensystem der Buddenbrooks zu erfüllen hat, unterstreicht ihre Reduktion auf den Bereich gesellschaftlich-familiärer Außendarstellung. Dementsprechend kann sie ihrem Mann zwar Vorschläge bezüglich einer repräsentativen Haushaltsführung unterbreiten, so etwa wenn es um die Einstellung eines neuen Bediensteten geht (vgl. 76), aber bei finanziellen und geschäftlichen Belangen fehlt ihr „die hinlängliche Einsicht" (77), und auch von Jeans diesbezüglichen Ausführungen versteht sie nicht alles (vgl. 78). Auf den Vermögensbereich, der die Repräsentation und damit auch die ‚Identität' Bethsys sichert, hat sie demzufolge keinen Einfluss. Sie steht ausschließlich für die äußere Familienwirklichkeit, die in dem Maße unterlaufen wird, wie die innere Familienwirklichkeit als ‚Verfall' nach außen dringt. Bei Jean sind hier zunächst nur erste finanzielle Verluste zu nennen, doch wirken sich diese bereits verheerend auf seine physische und psychische Konstitution aus.

Der erste Verlustfall, der im Text erwähnt wird, ist der Konkurs der Gebrüder Westfahl in Bremen. Dabei wird die Firma schon ganze 80.000 Mark Courant verlieren, und in der Folge bekommt Jean „all die plötzliche Kälte, die Zurückhaltung, das Mißtrauen auszukosten [...], welches ein solcher Unglücksfall, eine solche Schwächung des Betriebskapitals bei Banken, bei ‚Freunden', bei Firmen im Auslande hervorzurufen pflegt . . ." (210). Die Verantwortung für dieses „Ärgernis" (217) kann er zwar diesmal noch mit

Hilfe seines Glaubenskonstruktes von sich weisen, indem er es unter der Rubrik „Prüfungen von Gott" verbucht, doch wird das bei dem dargestellten zweiten Verlustfall, der Mitgift seiner ältesten Tochter Tony, nicht mehr funktionieren: Tony ist von ihrem Vater in die Ehe mit dem Betrüger Bendix Grünlich gedrängt worden, die dann angesichts von dessen geschäftlichem Bankrott wieder annulliert werden wird. Auffällig sind bei diesem Fall zunächst die Maßnahmen, mit denen sich der Chef der Firma Johann Buddenbrook von den Hamburger Lebensverhältnissen seines zukünftigen Schwiegersohns überzeugt. So lässt er sich nicht nur von dessen gefälschten Geschäftsbüchern täuschen, sondern vertraut bei den einzuholenden „sichere[n] Erkundigungen" (228) allem Anschein nach auf bloße Gerüchte: Bei den Hamburger Kaufleuten, die ihm in dieser Angelegenheit befriedigende Auskünfte erteilen (vgl. 112), fällt er auf Grünlichs Gläubiger herein, über die der Bankier Kesselmeyer im Nachhinein nur hämisch bemerken kann: „'[...] Die waren ja alle engagiert! Die waren ja Alle ganz ungeheuer engagiert! Die waren ja Alle ungemein froh, daß sie durch die Heirat sicher gestellt wurden...'" (228). Aussagekräftig für das Vorgehen Jeans sind hier vor allem jene Erkundigungen, die er bei Duchamps einholt, der Familie seiner Mutter. So erklärt er Bethsy gegenüber:

> „'[...] Was Duchamps sagen, die ich befragte, klingt auch nicht übel: Seine [Grünlichs] Verhältnisse seien ihnen zwar nicht bekannt, aber er lebe gentleman like, verkehre in der besten Gesellschaft, und sein Geschäft sei ein notorisch lebhaftes und weit verzweigtes ... [...]'" (111 f.)

Nicht Fakten kommen hier zur Sprache - die sind „nicht bekannt" -, sondern eben bloßes Gerede, das sich auf die Selbstdarstellung Grünlichs, seinen gesellschaftlichen Umgang und Lebensstil bezieht. Der finanzielle Verlust von Tonys Mitgift lässt sich somit nicht mehr einfach als „Gottes Wille" (228) abtun, wie Jean das zunächst gegenüber Kesselmeyer noch versucht. Vielmehr hat das zwanghaft selbstentfremdete Handeln im Sinne des tradierten Familienbewusstseins seinen ersten, finanziell sichtbaren Tribut gefordert: Die fehlende ‚Identität' mit der väterlichen (Geschäfts-) Moral beginnt sich negativ auf Jeans normkonformes Handeln als Kaufmann auszuwirken, denn im Gegensatz zu dem Fall Gotthold lässt er sich bei Grünlich nicht mehr ausschließlich von sachlich-nüchternen Erwägungen im Interesse der Firma leiten. Stattdessen vertraut er als Geschäftsmann auf Gerüchte und setzt seine eigene Tochter nicht zuletzt aufgrund beruflicher Probleme massiv unter Druck[54]: Tony soll mit Grünlich eine „Partie" machen, die sowohl der Familie als auch der Firma „zum Vorteil gereichen würde" (112). Warten ist dabei in Jeans Augen angesichts der „allzu ruhig" gehenden Geschäfte nicht ratsam, denn: „'[...] Fischzug ist alle Tage, aber nicht alle Tage Fangetag! [...]'" (111). Der Verlust von Tonys Mitgift ist also zu einem guten Teil von ihrem Vater mitverschuldet - als Resultat eines selbstentfremdeten und wirklichkeitsfernen Handelns, in dem sich die Fremdbestimmtheit dieser Figur ebenso wie ihre existenzielle Verunsicherung zu manifestieren beginnt.

Schwerwiegender als der wirtschaftliche Verlust sind allerdings die physischen und psychischen Folgen, die sich für Jean aus dieser Niederlage ergeben: Indem er sich von einem Betrüger hat täuschen lassen, ist er nicht nur an den Anforderungen der internalisierten Familiennorm gescheitert, sondern auch an denen seines pseudoreligiösen Glaubenskonstruktes. Auf ein solch existenzielles Versagen reagiert sein Körper umgehend mit einer rapiden Verschlechterung des gesundheitlichen Zustandes. Schon kurz nach Tonys Scheidung „machte das Befinden des Konsuls jetzt weitere Kur-Reisen notwendig" (240). Rheumatismus stellt sich ein, und auch die frommen Neigungen, die „in dem Grade, in welchem er betagt und kränklich wurde, immer stärker [hervortraten]" (241), können den körperlichen ‚Verfall' nicht mehr aufhalten. Die Nervosität begegnet gesteigert zu „Kongestionen und Herzklopfen" (243) und etwa fünf Jahre später, im Spätsommer 1855, erliegt der Konsul während eines plötzlichen Wetterumschwungs einem Schlaganfall (vgl. 248) – aufgerieben von den Verpflichtungen einer familiär vorbestimmten Rolle, an der er seinem Verständnis zufolge gescheitert sein muss.

---

[54] Vgl. zu den Druckmitteln S. 52-54 und S. 57 f.

Ein ähnlicher „Kampf ums Dasein" wird auch in der dritten Generation, bei den vier Kindern von Bethsy und Jean, zur dominanten inneren Familienwirklichkeit werden, wobei sich die Ausformungen der jeweiligen Lebensproblematiken sowie die daraus resultierenden ‚Verfalls'-Erscheinungen noch weiter verschärfen. Die repräsentative Außendarstellung der Familie Buddenbrook gerät mehr und mehr zum aufrechterhaltenen Schein der Intaktheit, der über die inneren Verhältnisse hinwegtäuschen soll - getreu Bethsys Wahlspruch: „Man vertuscht es. Man braucht nichts davon zu wissen" (273).

4. Das Leben als Rollenspiel

4.1 Tonys illusionärer Lebenssinn Familie

4.1.1 Die Internalisierung der Firmen- und Familiennorm

Die Figuren der dritten Generation werden im Text bereits von früher Kindheit an dargestellt, das heißt, auch der Prozess der Norminternalisierung wird nun deutlicher vor Augen geführt. Von Antonie Buddenbrook, genannt Tony, ist schon im Zusammenhang mit Johann Senior die Rede gewesen. Ebenso wie ihr ein Jahr jüngerer Bruder Christian wird sie den fortschreitenden ‚Verfall' der Familie zumindest physisch überleben, so dass der Leser ihre Entwicklung vom achten bis zum fünfzigsten Lebensjahr in Etappen verfolgen kann.

Bereits während der ersten Schuljahre wird Tony „ein intelligentes Köpfchen" attestiert, „das flink in der Schule erlernte, was man begehrte", doch ist „ihr Betragen in so hohem Grade mangelhaft", dass schließlich sogar die „Schulvorsteherin" persönlich bei der Konsulin erscheint, um sie zur „ernstliche[n] Ermahnung" der Tochter aufzufordern, „denn dieselbe habe sich, trotz vieler liebevoller Verwarnungen, auf der Straße aufs neue offenkundigen Unfugs schuldig gemacht" (63). Was genau darunter zu verstehen ist, lassen die unmittelbar folgenden Erzählerausführungen über Tonys städtische Streifzüge erahnen. Neben ihrer Bekanntschaft mit aller Welt zeichnen sich diese Ausflüge außerdem durch erste gesellschaftliche Normverstöße in Form von Kinderstreichen aus. So schildert der Erzähler beispielsweise, wie die kleine Mademoiselle Buddenbrook einen bleichen, bartlosen Menschen aufgrund bestimmter Ausrufe zwanghaft auf einem Bein tanzen lässt (vgl. 64) oder wie sie bei der „alten Puppenliese" mit den merkwürdig roten Augen klingelt, um dort nach Herrn und Madame „Spucknapf" zu fragen - und das alles, „wie es schien, mit völlig gutem Gewissen" (ebd.). Selbst angesichts möglicher Drohungen von Seiten eines „Gequälten" stößt das junge Fräulein lediglich

„[...] ein halb entrüstetes, halb moquantes ‚Pa!' [hervor], als wollte sie sagen: ‚Wage es nur, mir etwas anhaben zu wollen! Ich bin Konsul Buddenbrooks Tochter, wenn du es vielleicht nicht weißt. . .'" (64).

Was in dieser Berufung auf den Vater sowie in der Nennung von dessen ehrenamtlichem Titel zum Ausdruck kommt, ist die unreflektierte Übernahme jenes familiär vorgelebten Werte- und Standesbewusstseins, das sich in den von Tony verübten Streichen als noch recht kindliche Demonstration der eigenen, herkunftsbedingten Überlegenheit spiegelt. Deutlicher wird die Beeinflussung durch das familiäre Umfeld sowie vor allem durch den Repräsentationsanspruch der Mutter, wenn der Erzähler zu kommentieren fortfährt:

„Sie [Tony] ging in der Stadt wie eine kleine Königin umher, die sich das gute Recht vorbehält, freundlich oder grausam zu sein, je nach Geschmack und Laune." (64)

Ist es bei Bethsy das zur Krone frisierte Haar, das auf die distinguierte Lebensart ihrer Herkunftsfamilie verweist, so wird Tonys Affinität zu den „feudalen Neigungen der mütterlichen Familie" (59) hier insbesondere durch die naive Selbstverständlichkeit ihres sorglos-willkürlichen Verhaltens karikiert, was in der Bezeichnung „kleine Königin" kulminiert. Ihr schlechtes Betragen steht also in unmittelbarem Zusammenhang mit dem frühzeitig internalisierten Familienbewusstsein, das diese Figur bereits im Alter von zehn oder elf Jahren zu gesellschaftlichem Fehlverhalten veranlasst. Von erzieherischen Gegenmaßnahmen der Eltern ist zu diesem Zeitpunkt auffälligerweise noch nicht die Rede. Zwar bereitet die „Ausgelassenheit" seiner Tochter gerade dem Konsul „manche Sorge" (63), doch direkt eingreifen wird er erst, als die junge Dame im Alter von fünfzehn Jahren einen derart „argen Hang zu Hoffart und Eitelkeit" (82) an den Tag legt, dass die soziale Normalität des bürgerlich-gemäßigten Familiensystems davon unterlaufen zu werden droht. Eine solche Entwicklung deutet sich zunächst in Tonys offenbar unangebrachter Lektüre von „Clauren's ‚Mimili'" (82) an, einem sentimentalen Schäferstück, das mit der buddenbrookschen Realität konventioneller Vernunftehen nur wenig zu tun hat. Jean wird diese Lektüre denn auch umgehend zu unterbinden wissen, indem er das Bändchen schweigend und „auf immer" verschließt (vgl. ebd.). Es bleibt allerdings nicht bei diesem einen Vorfall. Schon kurze Zeit später wird Mademoiselle Antonie bei einem Spaziergang vor dem Burgtor gesehen, den sie alleine mit einem Gymnasiasten unternimmt. Dem Konsul wird dieses Geschehen zwar „in heiterem Tone" (83) mitgeteilt, doch ändert das nichts an seinem sofortigen Eingreifen: „Die Spaziergänge wurden verhindert", und als daraufhin heimliche Korrespondenzen ans Licht kommen, gibt er seine Tochter in „strengere Obhut": in die Pension von Therese Weichbrodt, in der nur „Töchter aus zweifellos vornehmen Familien" (85) unterrichtet werden.

Der Grund für dieses beinahe überstürzt anmutende Verhalten des Vaters liegt auf der Hand: In einem Familiensystem, das von finanziellen und gesellschaftlichen Wertvorstellungen getragen wird, beschränkt sich die Aufgabe der beruflich nicht weiter qualifizierten Töchter darauf, dem Gesetz der „guten Partie" Folge zu leisten, wodurch sie ihren Teil zur Ansehenssteigerung der Herkunftsfamilie beitragen. Tonys Verhalten, das in sich die Gefahr eines erotischen Normverstoßes birgt, muss deshalb sofort unterbunden werden, denn es könnte sich negativ auf die Realisierung des ihr vorbestimmten Lebens als repräsentierende Ehefrau auswirken. Mit dem Pensionsaufenthalt wird das erotische Gefahrenpotenzial hier zunächst gebannt, so dass Jeans Tochter schon kurze Zeit später in einem Gespräch mit zwei befreundeten Pensionärinnen erklären wird:

> „'Ich werde natürlich einen Kaufmann heiraten', [...]. ‚Er muß recht viel Geld haben, damit wir uns vornehm einrichten können; das bin ich meiner Familie und der Firma schuldig', [...]." (88)

Das tradierte Familienbewusstsein begegnet hier sogar gesteigert zu dem zumindest theoretischen Wissen um den daraus resultierenden Lebensweg: Antonie Buddenbrook sieht die ihr bevorstehende Aufgabe ganz pflichtbewusst darin, eine „gute Partie" im Sinne ihres Vaters zu machen, verbunden mit dem Ziel, sich repräsentativ im Sinne der Mutter einzurichten. Die darin zum Ausdruck kommenden elterlichen Erwartungen haben demzufolge zur Konstituierung eines unreflektiert übernommenen, normkonformen Wertebewusstseins im Sinne des von Johann Senior etablierten Familiensystems geführt.

Inwiefern die Internalisierung der familiären Wertvorstellungen nun den beginnenden Selbstfindungsprozess dieser Figur zum Scheitern bringen wird, sich also gegen die Realisierbarkeit der personeigenen Antriebe und Werte richtet, zeigen die Ereignisse im Vorfeld von Tonys erster Ehe, in die sie nach Abschluss der Pensionszeit gedrängt werden wird.

4.1.2 Der gescheiterte Selbstfindungsprozess und seine existenziellen Folgen

Schon der erste Besuch, den der Kaufmann Bendix Grünlich der Familie Buddenbrook abstattet, ist für Tony mit durchweg negativen Gefühlen korreliert: Sie empfindet eine tiefe Abneigung gegen diesen Geschäftsgast ihres Vaters, der nicht nur fortwährend „von sich selbst" spricht (98), sondern insbesondere Jean und Bethsy einzuwickeln versteht. Dementsprechend fragt sie sich schon nach den ersten Gesprächsäußerungen dieses Herrn: „Woher kennt er meine Eltern? Er sagt ihnen, was sie hören wollen . . ." (95). Als der Konsul seine Tochter nach Grünlichs wiederholten Aufwartungen bei der Familie schließlich über dessen schriftlichen Heiratsantrag informiert, ist Tony „fassungslos" und bricht in Tränen aus (vgl. 103), und auch bei dem sich kurze Zeit später ereignenden direkten Antrag ihres vorgeblichen Verehrers wechselt sie zunächst zwischen Entsetzen (vgl. 106), „Entrüstung", „Ratlosigkeit" (107), Angst und Verzweiflung (vgl. 108) hin und her, während sie der letztendlich ausgeteilte Korb dann „innerlich ganz fremd und gleichgültig" (110) bleiben lässt. Ihrer Mutter hatte sie bereits zuvor deutlich erklärt, dass sie den Heiratskandidaten „nicht ausstehen" (106) kann.

Was sich in diesen abwehrenden Gefühlsäußerungen zu manifestieren beginnt, ist jenes personeigene Antriebspotenzial, das Tonys Verhalten hier zunächst noch aus dem Gefühl heraus bestimmt, das heißt, ohne dass sich bereits die Konstituierung eines persönlichen, identitätsbildenden Wertebewusstseins nachweisen ließe. Nichtsdestotrotz droht sie damit erneut gegen die soziale Normalität ihrer Herkunftsfamilie zu verstoßen, denn Jean und Bethsy sehen in der Verbindung mit Grünlich „vollkommen das, was man eine gute Partie nennt" (104). Dementsprechend werden sie ihre Tochter mit immer massiveren Beeinflussungsversuchen im Sinne der tradierten Werte zu bearbeiten wissen. Jean degradiert die inzwischen fast Neunzehnjährige in den diesbezüglichen Gesprächen wiederholt zum „Kind" und „kleine[n] Mädchen", das sich „auf die Augen anderer Leute verlassen muß" (103), den Eltern also unreflektiert Folge zu leisten hat. Er tritt somit ganz bewusst als väterliche Autorität in Erscheinung, der als Firmen- und Familienoberhaupt sowohl die Macht als auch die Verantwortung zukommt, die ökonomische Grundlage des Lebens aller Familienmitglieder sicherzustellen, nicht zuletzt durch die Förderung standesgemäßer Ehen. Auch die Konsulin appelliert mit Begriffen wie „Pflicht und Bestimmung" (105) beständig an Tonys familiär vorbestimmte Rolle, und als das ebenfalls nicht zum gewünschten Jawort führt, wird schließlich sogar die öffentlich-religiöse Autorität als Druckmittel eingesetzt. In einer Sonntagspredigt, die die Eltern zusammen mit ihrer Tochter besuchen, wird Pastor Kölling in Jeans Auftrag ein manipuliertes Bibelzitat als Ausgangspunkt seines Vortrags nehmen:

> „[...] in starken Worten [redete er] über den Text, der da besagt, daß das Weib Vater und Mutter verlassen und dem Manne nachfolgen soll, - [...]." (113)

Der Wortlaut ist nahezu identisch mit dem ersten Buch Mose 2, Vers 24, doch sind die Geschlechterrollen vertauscht worden: In der Bibel ist es nicht die Frau, sondern der Mann, von dem es heißt, dass er die Eltern verlassen werde.[55]

Anhand der Thematik erkennt Tony zwar sehr schnell, dass es sich bei der Predigt um einen erneuten „Angriff auf sie" handelt, doch zeigt ihre rote und gebückte Haltung, dass sie die in der Textfälschung zum Ausdruck kommende Manipulationsbereitschaft gerade auch von Seiten ihrer Familie nicht durchschaut. Für den Leser wird das sich hier andeutende Ausmaß psychischer Druckausübung dagegen überdeutlich, wenn der Geistliche fortfährt, auch das vierte Gebot über die kindliche Gehorsamspflicht wie folgt auf das weibliche Geschlecht zu reduzieren:

> „Ein jugendliches, ein noch kindliches Weib, verkündete er, das noch keinen eigenen Willen und keine eigene Einsicht besitze und dennoch den liebevollen Ratschlüssen der Eltern sich widersetze, das sei strafbar, das wolle der Herr ausspeien aus seinem Munde . . . und bei dieser Wendung [...] traf Tony [...] ein durchdringender Blick aus seinen Augen." (113)

Diese Drohung von der Kanzel liest sich nicht nur wie ein „karikierendes Echo" auf Jeans Pseudoreligiosität,[56] sie bringt auch die ganze Inhumanität zum Ausdruck, mit der das dargestellte Familiensystem seine Interessen durchzusetzen bereit ist: Im Auftrag der Eltern werden familienexterne Autoritäten instrumentalisiert, um in einem öffentlichen Forum und unter Anwendung manipulativer Mittel psychischen Druck auf die eigene Tochter auszuüben. Gegenüber dem Anspruch des Systemganzen zählt die Individuation des Einzelnen nicht das Geringste. Den Prozess der Selbstfindung, und das heißt auch der Emanzipation von diesem Familiensystem, kann also nur durchlaufen, wer sich die eigenen Verhaltensantriebe soweit bewusst machen kann, dass er bei deren Nicht-Übereinstimmung mit den

---

[55] „Darum wird ein Mann seinen Vater und seine Mutter verlassen und seinem Weibe anhangen, und sie werden sein ein Fleisch" (1. Mose 2, 24); der Hinweis geht zurück auf den Kommentar von Jochen Hieber in: Thomas Mann: Buddenbrooks. Verfall einer Familie, Zürich und Düsseldorf 1995, S. 776
[56] Vgl. in diesem Sinne Lehnert 1965, S. 82

familiären Erwartungen nicht nur eine argumentative Gegenposition beziehen kann, sondern auch durch aktive Normverstöße zur Konstituierung einer eigenen, familienunabhängigen Identität gelangt.

Bei Tony ist dieser Prozess der Selbstfindung noch nicht sehr weit fortgeschritten, was insbesondere an der Entscheidungsunfähigkeit deutlich wird, mit der sie auf die Beeinflussungsversuche der Eltern reagiert: In ihrer bedrängten Lage sagt sie letztendlich schon nicht mehr „nein" zu Grünlichs Antrag, „aber sie vermochte auch das ‚Ja' nicht über die Lippen zu bringen" (112). Ähnlich wie bei Jean ist ihre ‚Person' gespalten durch den Widerspruch zwischen dem, was sie gemäß des unreflektiert übernommenen Familienbewusstseins tun sollte, und dem, was sie in Übereinstimmung mit ihrem personeigenen Antriebspotenzial zu tun bereit ist. Anders ausgedrückt: Solange sich diese Figur nicht von den personfremden Werten und Normen ihrer Herkunftsfamilie emanzipieren kann, wird sie den Grund ihrer emotionalen Abwehr, das heißt den dahinter stehenden persönlichen Wert, nicht weiter konkretisieren können; und solange sie die tradierten Wertvorstellungen in dem Maße internalisiert hat, dass sie von der Anerkennung ihrer Familie abhängig ist, wird sie einen individuell gestalteten Lebensweg mit den dazu notwendigen Normverstößen nicht gehen können. Letzteres ist auch der Grund, weshalb der kurz darauf stattfindende personeigene Selbstfindungsversuch mit Morten Schwarzkopf notgedrungen misslingen muss. Tony lernt diesen Sohn des Travemünder Lotsenkommandeurs bei einem Sommeraufenthalt kennen, den sie aufgrund der gesundheitlichen Folgen der familiären Repressionsmaßnahmen bei seinen Eltern verbringt. In ihrem Leben markiert diese Episode den entscheidenden Wendepunkt, der ihr sowohl die Möglichkeit zur Konstituierung einer eigenen Identität eröffnet als auch den Grund für das zwangsläufige Scheitern dieses Prozesses aufdeckt.

Schon bei Mortens erstem Auftritt gibt der Text ihn als eine Figur zu erkennen, die eine Position außerhalb des ‚Verfalls'-Geschehens vertritt. Deutlichstes Symbol dafür sind die „ungewöhnlich gutgeformte[n], engstehende[n] Zähne" (120) des jungen Mannes, die im Romankontext ein Zei-

chen ungebrochener Lebensenergie[57] darstellen und zu diesem Zeitpunkt bereits einen offenkundigen Kontrast zu den „ziemlich mangelhaften Zähnen" (75) des etwa gleichaltrigen Thomas Buddenbrook bilden. Im Gegensatz zu Thomas setzt Morten denn auch nicht das tradierte Leben seines zur See fahrenden Vaters fort, sondern studiert Medizin (vgl. 120). Bereits zehn Jahre später wird er eine stattliche Praxis in Breslau sein eigen nennen können (vgl. 291) und sich damit als „sozialer Aufsteiger" gesellschaftlich etabliert haben.[58] Die persönlichen Werte und Ziele, die allein schon in der Selbständigkeit seiner Berufswahl zum Ausdruck kommen, sind ihm folglich nicht nur bewusst, sondern er wird sie außerdem in seinem Leben zu verwirklichen wissen. In der Erzählgegenwart spiegelt sich die damit einhergehende ‚Identität' mit dem personeigenen Antriebspotenzial bereits in der äußeren Erscheinung Mortens wider: in dem an Johann Senior erinnernden, „gutmütig verschmitzte[n] Lachen" (123), das Tony nicht nur sogleich für ihn einnimmt (vgl. ebd.), sondern ihn in ihren Augen auch als Kontrastfigur zu Grünlich erscheinen lässt. Kommt ihr Grünlichs Aussehen und Verhalten genauso „unnatürlich" und „falsch" vor (142), wie es den dahinter stehenden Motiven des Mitgiftjägers entspricht, so blüht sie in den gemeinsamen Sommerwochen mit Morten geradezu auf (vgl. 132). Schon in der „naive[n] und sympathische[n] Art" (121) dieses Studenten zeichnet sich eine Merkmalsübereinstimmung mit ihrer „Keckheit und Sorglosigkeit" (132) ab, die ihn auf der individualpsychologischen Ebene als den ihr adäquaten Partner zu erkennen gibt. Problematisch gestaltet sich dagegen die sozialpsychologische Ebene von Tonys internalisiertem Familienbewusstsein.
Gleich in den ersten Tagen entwickelt sich zwischen den beiden eine „stehende[] Redewendung" (133), die die Bedingtheit ihres Zusammenseins schon indirekt vorwegnimmt. Immer wenn Tony „mit ihrer städtischen Be-

---

[57] Vgl. in diesem Sinne Ernst Keller: Das Problem „Verfall". In: Buddenbrooks-Handbuch 1988, S. 164

[58] Der Hinweis geht zurück auf: Ernst Keller: Die Figuren und ihre Stellung im „Verfall". In: Buddenbrooks-Handbuch 1988, S. 197

kanntschaft am Strande oder im Kurgarten" (ebd.) verkehrt, begibt sie sich in eine Gesellschaftsschicht, von der Morten als Sohn eines Lotsenkommandeurs aus Standesgründen ausgeschlossen ist. Als ein gemeinsamer Strandspaziergang deshalb unterbrochen werden muss, bleibt er wartend 'auf den Steinen sitzen' (vgl. 129), was zwischen den beiden fortan so viel bedeutet wie: „'Vereinsamt sein und sich langweilen'" (133). Die Anwesenheit einer Gesellschaft, die mit Tonys familiärem Herkunftsort und -milieu verbunden ist, weist somit bereits auf den trennenden Faktor hin, der diese potenzielle Partnerschaft verhindern wird: die Dominanz des familiären Werte- und Standesbewusstseins, dessen normativer Geltungsanspruch zulasten der personeigenen Selbstfindung und -verwirklichung geht. Aufschlussreich sind in dem Zusammenhang vor allem die räumlichen und zeitlichen Umstände, unter denen der persönliche Wert Liebe für Tony überhaupt erst denkmöglich werden kann. In Travemünde befindet sie sich an einem Ort, der außerhalb des mit ‚Lübeck' verbundenen Alten, Gewohnten, Überlieferten (vgl. 155) liegt, durch ihre Unterkunft im Haus des Lotsenkommandeurs sogar abseits der städtischen Kurgesellschaft. Sie bewegt sich folglich in einem außerfamiliären Raum, in dem das internalisierte Familienbewusstsein zunächst an Wirklichkeit verlieren muss. Ihr Liebesgeständnis gegenüber Morten findet sogar im Anblick des Meeres statt, „in diesem irren, ewigen Getöse, das betäubt, stumm macht und das Gefühl für Zeit ertötet" (141). Nicht nur Tonys räumliche Orientierung wird hier samt der semantischen Implikationen ad absurdum geführt, sie verliert außerdem den Bezug zu der Zeit, in der sie lebt.[59] Dementsprechend ist sie „glücklich und abwesend" (143) zugleich,[60] als sie in Mortens Heiratsantrag einwilligt; „glücklich" in Bezug auf die zu verwirklichenden personeigenen Antriebe, „abwesend" in Bezug auf das personfremde Familienbewusstsein, von dem sie sich nicht emanzipiert hat. Anders ausgedrückt: Der individuelle Lebensweg, der sich ihr hier eröffnet, verbleibt in

---

[59] Vgl. Lehnert 1965, S. 76

[60] Der Hinweis geht zurück auf Rothenberg 1969, S. 174

einer Art träumerischen Wirklichkeitsferne, das heißt außerhalb von jener Herkunft, die aufgrund der unreflektierten Übernahme des familiären Wert- und Normsystems immer noch die einzige, wenn auch personfremde Orientierung dieser Figur darstellt. Solange sie diese Orientierung nicht infrage stellt und durch aktive Normverstöße erweitert oder negiert, muss jede Art von Selbstverwirklichung auch weiterhin ein Traum bleiben. Die darin implizite Abhängigkeit Tonys hat folglich auch dort Bestand, wo ihre Familie gar nicht anwesend ist, denn der sich in diesem Falle einstellende Orientierungsverlust unterläuft den Wirklichkeitscharakter eines außerfamiliären Lebens ebenso wie den Aufbau einer familienunabhängigen Existenz. Das Ausmaß dieser Fremdbestimmtheit zeigt vor allem der scheiternde Emanzipationsversuch, den sie noch von Travemünde aus unternehmen wird. In einem Brief setzt sie ihren Vater nicht nur von der erneuten Absage an Grünlich in Kenntnis, sondern auch von Mortens Heiratsantrag:

> „'[...] Dir, dem besten Vater, kann ich es ja sagen, daß ich anderweitig gebunden bin an Jemanden, der mich liebt, und den ich liebe, daß es sich gar nicht sagen läßt. O Papa! Darüber könnte ich viele Bogen vollschreiben, ich spreche von Herrn Morten Schwarzkopf, der Arzt werden will, und, sowie er Doktor ist, um meine Hand anhalten will. Ich weiß ja, daß es Sitte ist, einen Kaufmann zu heiraten, aber Morten gehört eben zu dem anderen Teile von angesehenen Herren, den Gelehrten. Er ist nicht reich, was wohl für Dich und Mama gewichtig ist, aber das muß ich dir sagen, lieber Papa, so jung ich bin, aber das wird das Leben Manchen gelehrt haben, daß Reichtum allein nicht immer jeden glücklich macht. [...]'" (145)

Zwei Dinge werden an diesem Briefauszug deutlich: Der räumlichen und zeitlichen Distanz zu ihrer Familie entsprechend hat Tony hier einerseits ein Bewusstsein für den persönlichen Wert Liebe entwickelt, so dass sie zum ersten Mal eine argumentative Gegenposition zu ihren Eltern beziehen kann: Sie distanziert sich von deren bürgerlich-gemäßigtem Lebens- und Ehe-Modell und hält ihm den emphatischen, mit individuellem Glück korrelierten Entwurf einer Liebes-Ehe mit Morten entgegen. Durch die Einbeziehung des Vaters in den außerfamiliären Raum kommt es auf der anderen

Seite allerdings auch zur erneuten Präsenz des personfremden Familienbewusstseins, was insbesondere in der Bewertung Mortens als Heiratskandidat zum Ausdruck kommt: Zwar kann sie dessen finanziell unstandesgemäße Lebensverhältnisse nicht abstreiten, doch nimmt sie das Gesetz der „guten Partie" insofern für sich in Anspruch, als sie ihrer familiären Aufgabe der Ansehenssteigerung hier eben nicht materiell, sondern ideell nachkommen will: indem sie einen „Gelehrten" heiratet. Tony unternimmt folglich den Versuch, ihr persönliches Wertebewusstsein mit den tradierten Vorstellungen ihrer Familie in Einklang zu bringen, deren normative Grenzsetzungen zu erweitern, doch wird ihr weiteres Verhalten dem Vater gegenüber noch einmal bestätigen, wie wenig Realität der Wert Liebe für sie gewonnen hat. Wie im Folgenden zu zeigen sein wird, kann der Konsul seine Tochter immer noch problemlos in seinem Sinne beeinflussen, so etwa, wenn er ihr in seinem Brief antwortet:

> „'[...] Dein Weg, wie mich dünkt, liegt seit längeren Wochen klar und scharf abgegrenzt vor Dir, und du müßtest nicht meine Tochter sein, nicht die Enkelin Deines in Gott ruhenden Großvaters und überhaupt nicht ein würdig Glied in unserer Familie, wenn du ernstlich im Sinne hättest, Du allein, mit Trotz und Flattersinn Deine eigenen, unordentlichen Pfade zu gehen. [...]'" (146 f.)

Jean droht Tony hier indirekt mit dem Ausschluss aus der Familie, wobei er seine Worte in einer „wohl erwogenen und berechneten Form" (146) zu setzen weiß. Mit Hilfe eines dreifachen Parallelismus, dessen Glieder semantisch steigend angeordnet sind, führt er ihr zunächst die Größe und das Gewicht einer bis zum Ende des sechzehnten Jahrhunderts zurückverfolgbaren (vgl. 55) familiären Ordnung vor Augen. Verstößt sie gegen deren „erprobte[] und erwürdige[] Überlieferung" (146), so verliert sie nicht nur ihren Status als „Tochter" und „Enkelin", sondern ist allgemein kein „würdig Glied" in der „Kette" (146) ihrer normkonformen Vorfahren mehr. Dieser Klimax stellt Jean die „eigenen, unordentlichen Pfade" entgegen, zu denen er den Selbstfindungsversuch mit Morten Schwarzkopf degradiert. Die Antithese „Du allein" verweist dabei auf den drohenden Verstoß aus jener vorangestellten Ordnung, die Tony die Ehe mit Grünlich als den ihr vorbestimmten Weg suggerieren soll und wird. Von einer unmittelbaren Reaktion auf diesen Brief erfährt der Leser zwar nichts, aber als Vater und Tochter sich kurz darauf in ‚Lübeck' gegenüberstehen, sieht sie ihn mit Augen an, „in denen etwas wie Scham zu lesen war" (156). Ihre Heimreise führte denn auch an den „Mauern des Gefängnisses" (155) vorbei, zurück in die starren Grenzen des tradierten Familienbewusstseins.

Zusammenfassend lassen sich aus dem Scheitern der Travemüde-Episode folgende Schlüsse ziehen: Aufgrund der unterbliebenen Emanzipation von dem familiären Wert- und Normsystem hat der persönliche Wert Liebe für Antonie Buddenbrook auch während ihres Zusammenseins mit Morten Schwarzkopf in Travemünde keine lebbare Wirklichkeit gewinnen können. Dem angedrohten Verstoß aus ihrem familiären Herkunftsmilieu hat sie deshalb nichts entgegenzusetzen, so dass ihr die Möglichkeit eines aktiven Normverstoßes gar nicht erst in den Sinn kommt. Der individuelle Lebensweg ist ihr lediglich als eine Art Traum bewusst geworden, nicht als ein Scheitern der Individuation, das dem Selbstverlust gleichkommt. Mortens Aussprüche wird sie zwar auch nach ihrer Rückkehr aus Travemünde „als etwas Heiliges und Unantastbares in sich bewahren" (154), doch bleiben sie ebenso hohl wie Tonys Identität: Die familiäre Auftragserfüllung gerät ihr fortan zum illusorischen Ersatz der personeigenen Selbstverwirklichung, das heißt zu einem Lebenssinn, der sie paradoxerweise fremdbestimmt. Im weiteren Handlungsverlauf wird diese Figur deshalb immer aufs Neue versuchen, jenen tradierten Werten und Normen gerecht zu werden, die aufgrund der unreflektierten Übernahme niemals zu einem persönlichen, identitätsbildenden Bewusstsein geworden sind. Die existenzielle Verunsicherung, die sich in dem daraus resultierenden Rollenspiel manifestiert, ist Tony allerdings ebenso wenig bewusst wie die Fremdbestimmtheit ihrer ‚Person'. Den familiären Erwartungen gemäß wird sie kurz nach ihrer Rückkehr aus Travemünde Grünlich heiraten, um wenig später mit ihm „im Schneenebel" zu verschwinden (164). Nebel ist auch die dominante Witterung, die während des Ehelebens in Hamburg vorherrschen wird (vgl. 196, 198)[61] - als Symbol für Tonys Unwissenheit über die eigene Lebensproblematik sowie über einen „Familiensinn", der sie „den Begriffen des freien Willens und der Selbstbestimmung [nahezu entfremdete]" (203).

Dieser Selbstentfremdung entsprechend verhält sie sich vom Zeitpunkt ihrer Rückkehr an auch genauso wirklichkeitsfern und lebensfremd wie ihr Vater bei seiner geschäftlichen Überprüfung Grünlichs: Sie heiratet einen Mann, den sie zuvor bereits als „unnatürlich" und „falsch" durchschaut hatte (vgl. 142) und gerät folgerichtig an einen Mitgiftjäger, der nach vier unglücklichen Ehejahren Bankrott machen wird. Die daraufhin stattfindende Scheidung ist nur der erste von drei Normverstößen dieser Art, mit denen Antonie Buddenbrook zum gesellschaftlichen ‚Verfall' ihrer Herkunftsfamilie beitragen wird. Während Morten Schwarzkopf, ihr adäquater Partner, bereits seine „staatsche Praxis" in Breslau (291) besitzt, sich also im Vergleich mit Grünlich auch unter familiär-gesellschaftlichen Gesichtspunkten längst als bessere „Partie" erwiesen hat, geht Tony die zweite, familientaktisch motivierte Lebensgemeinschaft mit Alois Permaneder ein, einem individual- und sozialpsychologisch ebenso inadäquaten Partner wie ihr erster Ehemann. Am Tag des Heiratsantrags liegt denn auch „Dunst [...] über der Stadt" (342)[62] - ein erneutes Symbol für das selbstentfremdete und existenziell verunsicherte Handeln, das sich in dieser wiederholt falschen Wahl manifestiert. Demgemäß wird sich Herr Permaneder sehr schnell als gutmütiger, aber allzu gemütlicher Hopfenhändler entpuppen (vgl. 324 f., 365): Unmittelbar nach dem Erhalt der Mitgift gibt er sein Geschäft auf, lässt sich wenig vornehm und prestigesteigernd als „Privatier" (365) nieder und ist damit bereits an den Ansprüchen des internalisierten Familienbewusstseins seiner Frau gescheitert.

Als Tonys dritte Ehe wird die von ihr beförderte Verbindung mit Hugo Weinschenk gesetzt, dem Direktor der städtischen Feuerversicherungsge-

---

[61] Der Hinweis geht zurück auf Rothenberg 1969, S. 174

[62] Vgl. ebd.

sellschaft. Zwar nimmt Weinschenk streng genommen Tonys Tochter Erika zur Frau, doch ist Erika von Anfang an in so hohem Grade selbstentfremdet, dass sie es nicht einmal schaffen wird, sich räumlich von ihrer Mutter zu emanzipieren: Es war beschlossen worden, dass „Frau Antonie - [...] - bei den Weinschenks wohnen, daß sie der unerfahrenen Erika im Haushalte zur Seite stehen sollte . . ." (445). Dementsprechend scheint auch der Wunsch der Mutter hauptsächlichster Pate dieser Ehe gewesen zu sein: Als „eigentliche Braut" sieht sie hier noch einmal die Möglichkeit, „das Ansehen der Familie zu fördern . . ." (ebd.), und nimmt gemäß ihrer typenhaft gestalteten Lebensproblematik einen Versicherungsbetrüger in die Reihen ihrer Lieben auf. Ehe Nummer drei ist damit ebenso gescheitert wie das Leben von Tony und Erika insgesamt: Dem am Ende frühzeitig resignierten Wesen der Tochter (vgl. 756) korrespondiert das „wachsende[] Ruhebedürfnis" (640) der Mutter, wobei Letzteres lediglich die Fortsetzung einer körperlichen ‚Verfalls'-Spur ist, die schon kurz nach der Grünlich-Scheidung begonnen hat. Bereits zu diesem Zeitpunkt ist die von Jean ‚ererbte' Nervosität auch bei seiner Tochter zum Ausbruch gekommen, zunächst in Form einer „nervösen Magenschwäche" (240), zu der nach dem Bruch mit Permaneder die ebenfalls „nervöse[] Gewohnheit" eines „trockene[n] Räuspern[s]" (382) hinzugetreten ist. Als Auslösefaktor der Nervenkrankheit kann somit Tonys wiederholtes Scheitern an der Realisierbarkeit jener Firmen- und Familiennorm festgestellt werden, deren unreflektierte und personfremde Übernahme bei dieser Figur nicht nur die Konstituierung einer eigenen Identität verhindert, sondern auch die Etablierung des illusionären Lebenssinns Familie bewirkt hat. Dieser illusionäre Lebenssinn muss sich in letzter Konsequenz schließlich selbst demontieren, denn das familiär evozierte ‚Verfalls'-Geschehen wird auch vor dem Aussterben der einzelnen Buddenbrooks nicht Halt machen. Am Romanende steht Tony deshalb vor dem existenziellen Nichts: Ohne ihre familiäre Orientierung, ihren Lebenssinn wird sie „irre [...] an der Gerechtigkeit, an der Güte . . . an Allem" (758). Da sie es nicht geschafft hat, sich von ihrer dominanten Herkunftsfamilie zu emanzipieren, bleibt sie gleichsam todesäquivalent im Leben zurück - ohne eine eigene Existenz, eine Halt bietende Identität aufgebaut zu haben, und durch den faktischen Tod von ihrer Familie getrennt.

4.2 Thomas' Leben im Gleichnis

4.2.1 Der Kampf gegen die eigene Identität

Wie bei Tony stellt die Familie auch für den älteren Bruder Thomas, genannt Tom, den fremdbestimmenden Lebenssinn dar. Im Gegensatz zur Schwester wird ihm das eigene Scheitern an der Realisierbarkeit der Firmen- und Familiennorm jedoch in zunehmendem Maße bewusst, denn da es bei ihm nicht zum Selbstverlust kommt, kann sich das persönliche Wertebewusstsein langfristig in Form von Zweifeln manifestieren. Aufgrund der Norminternalisierung richten sich diese Zweifel allerdings auch bei Tom nicht gegen die personfremden familiären Werte, sondern gegen die normabweichenden psychischen Antriebe, die seiner ‚Person' zugrunde liegen. Die Bewusstseinsfähigkeit dieses nicht verwirklichten oder gar negierten Antriebspotenzials wird er deshalb immer wieder zu unterdrücken suchen, so dass der Selbsttäuschungsmechanismus Jeans bei ihm in gesteigerter Ausführung wiederkehrt: als bewusste und selbstzerstörerische Bekämpfung der eigenen Identitätsentwicklung.

Genau wie sein Vater ist auch Thomas von Geburt an „zum Kaufmann und künftigen Inhaber der Firma bestimmt" (65) worden. Schon im Alter von sechzehn Jahren wird er deshalb die Schule verlassen (vgl. 74), um nach dem Tod des Großvaters in die Getreidehandlung einzutreten. Er erfüllt damit ganz normkonform dessen letzten, an ihn gerichteten Auftrag, der da lautete: „'Hilf deinem Vater'" (71). Die typenhafte Übereinstimmung mit Johann Senior, dem Tom „in den Augen und in der Gesichtsform stark [ähnelte]" (16), scheint dabei auf den ersten Blick auch die ‚Identität' mit der ihm auferlegten Lebensaufgabe symbolisieren zu sollen, denn am Beginn seiner kaufmännischen Laufbahn ist dieser Enkel zunächst noch „mit Hingebung bei der Sache" (75). Die zentrale persönliche Verlusterfahrung, die er etwa vier Jahre später machen wird, lässt aber bereits die Kehrseite seines beruflichen und familiären Engagements aufscheinen und wird außerdem seine individualpsychologisch gestaltete Abweichung vom Typus Johann Senior verdeutlichen: Der erste, an das Familiensystem Buddenbrook zu entrichtende Tribut der ‚Person' besteht auch bei dieser Figur in dem Opfer der identitätsbildenden Selbstfindung und -verwirklichung.

Im Alter von zwanzig Jahren (vgl. 115) nimmt Thomas deshalb seine bevorstehenden Lehrjahre in Amsterdam zum Anlass, um das Liebesverhältnis mit der Blumenverkäuferin Anna zu beenden (vgl. 167). Die Parallelen zur Tony-Morten-Episode liegen dabei auf der Hand: Auch bei Anna handelt es sich in individualpsychologischer Hinsicht um die adäquate Partnerin Toms; der Weg, den er zu ihrem Laden zurücklegen muss, wird im Text sogar als „sein[]", Toms „eigene[r]" (165) gesetzt, das heißt als Weg der Selbstfindung. Diesen wird er anderthalb Jahre lang beschreiten, ohne jemanden davon in Kenntnis zu setzen (vgl. ebd.), denn wie Morten stellt auch Anna keine „gute Partie" im Sinne der familiären Wertvorstellungen dar. Die öffentliche Realisierung dieser Liebesbeziehung ist somit erneut an das Verüben eines gesellschaftlich-familiären Normverstoßes gebunden, der auch für diesen Buddenbrook eine nicht zu überschreitende Grenze darstellt. Anstatt wie Gotthold mit seiner Familie zu brechen, trennt er sich von seiner adäquaten Partnerin, der er sein Verhalten wie folgt erklärt:

> „'Man wird getragen, siehst du ... Wenn ich am Leben bin, werde ich das Geschäft übernehmen, werde eine Partie machen ... [...]'" (167 f.)

Im Gegensatz zu seinem Onkel entscheidet sich Tom ganz eindeutig für das Befolgen der ihm auferlegten, familiären Lebensaufgabe. Auffällig ist allerdings der erste Teilsatz seiner Replik, der die personale ‚Identität' dieses zukünftigen Firmen- und Familienoberhauptes gleichsam infrage stellt: Durch die Verwendung der Passiv-Konstruktion „Man wird getragen" kommt es hier nämlich zur Ausklammerung des aktiv handelnden Subjekts. Aufgrund der Stichworte „Geschäft" und „Partie" im folgenden Gesamtsatz kann sich der Leser zwar erschließen, wer dort „getragen" wird, doch die Passivkonstruktion macht nichtsdestotrotz deutlich: Geschehensbestimmend agiert zunächst nicht der Sprecher selbst, sondern das familiäre Wert- und Normsystem.

Zusammenfassend lässt sich somit schlussfolgern: Mit der Entscheidung für Firma und Familie wählt Thomas Buddenbrook den systemimmanent vorbestimmten Lebensweg, das heißt, anstatt seinen eigenen Weg aktiv fortzusetzen, wird er gegangen - „getragen" beziehungsweise gesteuert von jenen familiären Denkstrukturen, deren personfremde Übernahme auch sein Handeln fremdbestimmt. Die Verwendung des unpersönlichen Indefinitpronomens „Man" signalisiert in diesem Kontext bereits die fehlende ‚Identität' von normkonformer Entscheidung und personeigenem Antriebspotenzial, die sich auch als körperliche ‚Verfalls'-Spur manifestieren wird: Das erste, was von Tom ein halbes Jahr nach seiner Trennung von Anna berichtet wird, ist, „daß [s]eine Gesundheit sich nicht völlig auf der Höhe befindet" (172). In dem entsprechenden Brief, den Jean ihm nach Amsterdam schreibt, wird sogar die Möglichkeit einer „Kur" in Betracht gezogen, die aufgrund von „Nervosität" erforderlich werden könne (vgl. ebd.). Der genaue Zeitpunkt, an dem die ‚Erbkrankheit' ausgebrochen ist, wird im Text zwar ebenso wenig genannt wie der Auslösefaktor, doch lassen sich die vorausgegangenen Krankheitsanzeichen durchweg in Bezug zu der exemplarischen Negation des persönlichen Wertes Liebe setzen. Aufschlussreich ist vor allem die leitmotivische Verwendung zweier charakterisierender Figurenmerkmale, die beide dem Komplex nervöser Angewohnheiten zuzuordnen sind: Thomas' Eigenart, bei psychischer Anspannung eine Augenbraue hochzuziehen, und sein wachsender Konsum russischer Cigaretten. Aneinander gekoppelt begegnen diese beiden Motive insgesamt drei Mal: Als Figurenmerkmale Toms werden sie auf seiner Fahrt mit Tony nach Travemünde (vgl. 115) eingeführt; das zweite Mal erscheinen sie auf der gemeinsamen Rückfahrt, während die Trennung von Morten das direkte, die unmittelbar bevorstehende Trennung von Anna das indirekte Gesprächsthema bilden (vgl. 155); das dritte Mal werden sie unmittelbar nach Toms Rückkehr aus dem Ausland beschrieben, während er „wahrscheinlich" an die inzwischen verheiratete Anna denkt und Tony das erste Mal geschieden ist (vgl. 234).[63] Auf der Erzählebene kommt den beiden leitmotivischen Nervositätsmerkmalen folglich eine Art Klammerfunktion[64] zu: Sie setzen Thomas' Liebesverzicht in Bezug zu dem unmittelbar vorangegangenen seiner Schwester, so dass Tony hier gleichzeitig als Parallel- und Kontrastfigur zu ihrem Bruder fungieren kann: Als Parallelfigur, weil ihre ‚Person' nach der Morten-Episode ebenso familiär fremdbestimmt agiert wie diejenige Toms bei der Trennung von Anna; als Kontrastfigur, weil ihre personeigenen Antriebe nicht im gleichen Maße bewusstseinsfähig sind wie die ihres Bruders, so dass sich Divergenzen in der individualpsychologischen Gestaltung ergeben: Tony hat die sich ihr eröffnende Möglichkeit eines individuellen Lebensweges mit Morten lediglich als eine Art Traum erfahren; der darin implizite Verlust ihrer persönlichen Werte ist ihr ebenso wenig bewusst geworden wie der Rollencharakter ihres weiteren Lebens. Im Gegensatz dazu negiert Tom seine Liebe zu Anna im vollen Bewusstsein der Zeit und des Raumes, in dem er lebt, so dass sich der Selbstverlust Tonys bei ihm gleichsam zur Selbstbekämpfung verkehrt. Das mit diesem destruktiven Handeln einhergehende Auftreten nervöser Angewohnheiten gibt das Opfern der individuellen Selbstverwirklichung dabei als enorm belastendes Moment zu erkennen: Es führt nicht nur zum Ausbruch der ‚ererbten' Nervenkrankheit, sondern manifestiert sich darüber hinaus in dem zusätzlichen ‚Verfalls'-Symptom der „Lungenblutung" (209), an der Tom ebenfalls noch in Amsterdam erkrankt. Als er von der

---

[63] Zum Motiv der Augenbraue vgl. auch Ernst Keller: Leitmotive und Symbole. In: Buddenbrooks-Handbuch 1988, S. 133; der Hinweis auf das Zigarettenmotiv geht zurück auf: Anja Schonlau: Das »Krankhafte« als poetisches Mittel in Thomas Manns Erstlingsroman: Thomas und Christian Buddenbrook zwischen Medizin und Verfallspsychologie. In: Heinrich Mann Jahrbuch 15 (1997), S. 98

[64] Vgl. Ronald Peacock: Das Leitmotiv bei Thomas Mann, Bern 1934, S. 13

daraufhin erforderlichen „Luftkur" (ebd.) nach ‚Lübeck' zurückkehrt, ist „seine [äußerliche] Ähnlichkeit mit dem Großvater noch größer geworden" (235). Mit der Negation des persönlichen Wertes Liebe hat sich Thomas nicht nur der sozialen Realität des buddenbrookschen Familiensystems angepasst, sondern auch einen ähnlichen Tribut wie Johann Senior bezahlt. Auch dieser älteste im Text dargestellte Buddenbrook hatte den Tod seiner ersten Ehefrau ja als nicht zu bewältigenden Verlust erfahren. Im Gegensatz zu Tom konnte er den daraufhin negierten Wert Liebe allerdings durch die gesellschaftlich-ökonomischen Werte Besitz und Ansehen substituieren. War die persönliche Verlusterfahrung des Großvaters demzufolge der Grund für die Konstituierung des etablierten Familiensystems, so wird sie bei seinem Enkel erst durch eben dieses System bewirkt. Durch die personfremde Internalisierung haben sich die tradierten Werte und Normen bei ihm zum Auslösefaktor jener Verlusterfahrung Liebesverzicht entwickelt, die exemplarisch für das Opfern der individuellen Selbstfindung und -verwirklichung steht. Anders als sein Vater täuscht sich Thomas dabei keineswegs ein ‚identisches' Handeln mit den persönlichen Werten vor; vielmehr negiert er sie ganz bewusst als abweichendes, in seinen normkonformen Bewusstseinspart nicht zu integrierendes Potenzial und befolgt dadurch jene familiär auferlegte Lebensrolle, die auch bei ihm nur zum Ausdruck der eigenen Identitäts- und Existenzunsicherheit werden kann. Die individualpsychologische Gestaltung Toms führt seine äußerliche Ähnlichkeit mit Johann Senior folglich ad absurdum: Auf der Ebene des Textes entlarvt sie das Leben dieses zukünftigen Firmen- und Familienoberhauptes als Maskerade, als selbstzerstörerisches Rollenspiel; Thomas Buddenbrook betrachtet es dagegen als Gleichnis,[65] das all seinem Tun eine „bloß symbolische[] Bedeutung" (362) verleiht. Dahinter steht auch bei ihm der fremdbestimmende Lebenssinn Familie.

---

[65] Vgl. in diesem Sinne auch Michael Zeller: Die Darstellung der Generationsabfolge in ‚Buddenbrooks'. In: Ders.: Väter und Söhne bei Thomas Mann. Der Generationsschritt als geschichtlicher Prozeß, (Bonner Arbeiten zur Deutschen Literatur, Bd. 27), Bonn 1974, S. 122

Von einem Leben im Gleichnis erfährt der Leser das erste Mal in dem inneren Monolog, den Thomas bereits in der Rolle des Firmenchefs am Sterbebett seines toten Onkels hält. Er distanziert sich hier zunächst wie folgt von dem personeigenen Lebensweg, den Gotthold mit seiner unstandesgemäßen Liebes-Ehe gewählt hat:

> „'Du [Gotthold] hast es zu spät gelernt, Zugeständnisse zu machen, Rücksicht zu nehmen ... Aber das ist nötig. ... Wenn ich wäre wie du, hätte ich vor Jahr und Tag bereits einen Laden geheiratet ... Die dehors wahren! Wolltest du es überhaupt anders, als du es gehabt hast? [...]'" (275)

Was auf den ersten Blick wie die nachträgliche Abrechnung mit einem abtrünnigen Familienmitglied beginnt, enthüllt sich bei genauerem Hinsehen als Selbstgespräch:[66] Tom negiert hier erneut sein personeigenes Antriebspotenzial, indem er es zunächst auf Gotthold projiziert. Der Teilsatz „Wenn ich wäre wie du" bringt diese Projektion zum Ausdruck, die sich insbesondere an dem grammatikalischen Wechsel von der zweiten in die erste Person festmachen lässt. Das eigentliche Thema des inneren Monologs ist demzufolge die „vor Jahr und Tag" nicht legitimierte Beziehung zu Anna, die hier im Konjunktiv, das heißt verschleiert, auf die vom Onkel gelebte Mesalliance übertragen wird. Mit der daraufhin stattfindenden Abwertung von Gottholds familiärer Emanzipation geht Thomas dann gegen die eigene Identitätsentwicklung vor, denn er rechtfertigt sein normkonformes Vorgehen gegen Anna, wenn er dem Onkel die dazu notwendigen Eigenschaften folgendermaßen abspricht:

> „'[...] Obgleich du [Gotthold] trotzig warst und wohl glaubtest, dieser Trotz sei etwas Idealistisches, besaß dein Geist wenig Schwungkraft, wenig Phantasie, wenig von dem Idealismus, der jemanden befähigt, mit einem stillen Enthusiasmus, süßer, beglückender, befriedigender als eine heimliche Liebe, irgend ein abstraktes Gut, einen alten Namen, ein Fir-

---

[66] Vgl. in diesem Sinne auch Eckhard Heftrich: Über Thomas Mann, Bd. 2: Vom Verfall zur Apokalypse, Frankfurt/Main 1982, S. 63-65. Heftrich liest den Monolog als Selbstrechtfertigung Toms, nicht wie Gotthold gehandelt zu haben.

menschild zu hegen, zu pflegen, zu verteidigen, zu Ehren und Macht und Glanz zu bringen. Der Sinn für Poesie ging dir ab [...]'" (275 f.)

Der Entscheidung für die Verwirklichung „eine[r] heimliche[n] Liebe" hält Tom hier jenen „Sinn für Poesie" oder „Idealismus" entgegen, den er an anderer Stelle noch einmal ganz explizit als die Fähigkeit definiert, „nach Zielen zu streben, denen man nur einen Gleichniswert zuerkennt" (610). Wie das oben zitierte Textbeispiel zeigt, sieht er diese Ziele zunächst ganz konkret in der Pflege und Förderung von Firma, Familie und Tradition, das heißt im Annehmen der familiär vorbestimmten Lebensrolle. Wenn ihm diese hier noch „süßer, beglückender, befriedigender" erscheint als die individuelle Selbstverwirklichung mit Anna, so liegt das an jenem „Gleichniswert", den er im Befolgen der Rolle zu erkennen meint: Seinem Firmen- und Familienbewusstsein entsprechend „hatte [Tom] sich die Fragen der Ewigkeit und Unsterblichkeit historisch beantwortet und sich gesagt, daß er in seinen Vorfahren gelebt habe und in seinen Nachfahren leben werde" (652). Mit anderen Worten: Die personfremden, familiären Werte manifestieren sich bei dieser Figur in dem Konstrukt eines Familienglaubens, das nur ein normkonformes Handeln gemäß der internalisierten Werte als existenziell sinnvoll erscheinen lässt. Thomas interpretiert sich selbst als Teil eines Familiensystems, das seinem Leben nur dann einen Sinn zugesteht, wenn er an der Aufrechterhaltung der systemimmanenten Werte und Normen mitwirkt. Diese sowohl zu befolgen als auch an einen Erben weiterzugeben, sieht er als die von ihm zu bewältigende Lebensaufgabe an. Dementsprechend deutet er auch das „Geschäftsleben", in dem er „wie seine Väter" als Firmen- und Familienoberhaupt zu bestehen hat, als „Abbild des großen und ganzen Lebens" (vgl. 469) - und täuscht sich dadurch vor, einer Bestimmung nachkommen zu müssen, die von Anfang an nicht mit dem zu verwirklichenden Potenzial seiner ‚Person' kompatibel ist:

„Oft genug, von Jugend an, hatte er diesem Leben gegenüber sein Fühlen korrigieren müssen ... Härte zufügen, Härte erleiden und es nicht als Härte, sondern als etwas Selbstverständliches *empfinden* – würde er das niemals vollständig erlernen?" (469)

In diesem „Fühlen" manifestieren sich auch bei Thomas Buddenbrook jene personeigenen Antriebe, die ihm fast sein ganzes Leben lang korrekturbedürftig erscheinen werden, da er sie gemäß seines familiären Glaubenskonstruktes als falsch beziehungsweise schlecht verinnerlicht hat. Dem entspricht, dass er die als „Härte" empfundene Lebensaufgabe des Firmenchefs im oben zitierten Textauszug ebenso wenig infrage stellt wie die normkonforme Entscheidung gegen Anna. Stattdessen kämpft er paradoxerweise erneut gegen die Bewusstseinsfähigkeit seiner persönlichen Wertvorstellungen an - gegen die Entwicklung einer Identität, die den Sinn seiner selbstzerstörerischen Rollenexistenz zu zersetzten droht.

Das Leben dieses dritten im Text dargestellten Firmen- und Familienoberhauptes muss somit streng genommen als „Nicht-Leben"[67] klassifiziert werden, als Aufrechterhaltung einer bürgerlich-sozialen Familienrealität, die bei ihm endgültig zur Fassade gerät. Verdeutlichen lässt sich der existenzielle Schein-Charakter insbesondere am Beispiel von Toms übergroßem neuen Haus in der Fischergrube, dessen Bau nicht etwa aus Gründen des familiären Standesbewusstseins erfolgt, sondern ganz allein individualpsychologisch motiviert wird:[68] „Wer glücklich ist, bleibt am Platze" (420), kommentiert der Erzähler und nennt als Baumotivation im engeren Sinne Thomas' „halbbewusste[] Bedürfnisse" nach „Sauberkeit, Neuheit, Erfrischung, Unberührtheit, Stärkung" (ebd.), das heißt nach einer äußeren Intaktheit, hinter der sich die dauerhafte Anstrengung seiner inneren Selbstbekämpfung verbirgt. Das Haus in der Fischergrube wird dadurch zum Symbol jener Identitäts- und Existenzproblematik, mit der auch diese Figur langfristig den Niedergang ihrer Herkunftsfamilie vorantreiben wird. Schon die Verlegung der Geschäftsräumlichkeiten in die Fischergrube trägt indirekt zum ‚Verfalls'-Geschehen bei, denn der familiäre Stammsitz in der „Mengstraße" verliert dadurch quasi seine letzte Funktion; nach dem Tod

---

[67] Vgl. zu diesem Terminus Wünsch 1983, S. 384 f.
[68] Vgl. in diesem Sinne auch Koopmann 1962, S. 63 und Lehnert 1965, S. 85

der Konsulin wird er deshalb verkauft werden, womit das Auseinanderbrechen der ehemaligen Großfamilie bereits de facto vollzogen ist. Auch der finanzielle Niedergang der Getreidefirma lässt sich auf der Ebene des Gesamttextes mit Toms Lebensproblematik in Verbindung bringen, denn der Neubau „Fischergrube" wird außerdem als wirtschaftlicher Wendepunkt semantisiert: Gingen die Geschäfte vor dem Hausbau noch „so ausgezeichnet wie ehemals nur zu[r] Zeit seines Großvaters" (419), so laufen sie unmittelbar danach schon „zum Verzweifeln" (435) und werden sich auch in der Folgezeit nicht wieder erholen. Exemplarisch ausgeführt wird in diesem Zusammenhang der Pöppenrader Halmkauf,[69] der bereits das ganze Ausmaß von Thomas' selbstentfremdetem Handeln als Firmenchef vor Augen führt. Rein faktisch gesehen, kauft er hier die Ernte eines verschuldeten Landgutbesitzers „auf dem Halm" (454), das heißt, er ersteht eine Ware, die es noch nicht gibt, „gegen den halben Preis", um damit beim Verkauf Profit zu machen (vgl. 455). Von einer irgendwie gearteten Absicherung des investierten Kapitals ist dabei nicht die Rede.[70] Anders ausgedrückt: Tom spekuliert hier mit der Natur und wird letztendlich aufgrund eines Hagelschlags die gesamten 35.000 Courantmark (vgl. 454) verlieren, die er eingesetzt hat (vgl. 493). Die Höhe der Summe ist bei diesem Verlustfall allerdings nur von sekundärer Bedeutung. Wichtig ist vor allem die fehlgeschlagene psychologische Motivation, die den Firmenchef zur Einwilligung in das riskante Unternehmen bewogen hat: Er wollte sich mit

---

[69] Vgl. dazu die Ausführungen von Georg Potempa: Über das Vermögen der Buddenbrooks. In: Ders.: Geld - »Blüte des Bösen«? Drei Aufsätze über literarisch-finanzielle Themen bei Dante, Goethe und Thomas Mann, Oldenburg 1978, S. 49-54

[70] Potempa nennt hier insgesamt drei „Fehler" Toms: 1. Die mangelnde Seriosität der Geschäftsverbindung: Bei dem Landgutbesitzer handelt es sich um einen verschuldeten Spieler; 2. Tom kauft die Ernte „auf dem Halm", statt sie nur zu beleihen, und behält dadurch keine Ansprüche gegen den Verkäufer; 3. Die Ernte wird nicht gegen Hagelschlag versichert. Alle drei „Fehler" findet Potempa in einem Brief von Thomas Manns Onkel, dem Konsul Wilhelm Marty, aufgelistet und kommt zu dem Ergebnis, der Autor habe diese Erläuterungen „sozusagen gegen den Strich gelesen und [im] Roman verwendet" (vgl. Potempa 1978, S. 51-53).

dem „Coup" beweisen, dass er „ein Geschäftsmann, ein Mann der unbefangenen Tat" ist, und kein „skrupulöser Nachdenker" (469). Bezogen auf die Identitätsebene lässt sich somit feststellen: Für Thomas Buddenbrook stellt der Pöppenrader Halmkauf eine Selbstprüfung dar, mit der er die eigenen Zweifel an der Realisierbarkeit der ihm auferlegten Lebensaufgabe zu entkräften versucht. Evoziert werden diese Selbstzweifel von den zu bekämpfenden „moralischen Skrupeln" (474) seines persönlichen Wertebewusstseins, das es ihm hier unmöglich macht, die erkannte Notlage des Landgutbesitzers „ohne Schamempfindung" (628) auszubeuten (vgl. 455). Dieses persönliche Wertebewusstsein glaubt Tom nun paradoxerweise durch die Inkaufnahme des eigenen finanziellen Risikos außer Kraft setzen zu können (vgl. 474), und scheitert dadurch gleich in doppelter Hinsicht: Seine psychologische Problematik unterläuft nicht nur ein Handeln nach kaufmännisch-rationalen Gesichtspunkten, sondern bricht darüber hinaus auch seinen unternehmerischen Willen. Im weiteren Handlungsverlauf wird selbst in Zeiten wirtschaftlichen Aufschwungs nur noch von einem „pfennigweisen Geschäftemachen" (610) der Getreidehandlung die Rede sein; im Allgemeinen galt „die Firma für im Rückgange begriffen" und „sein [Toms] Vermögen für stark reduziert" (ebd.).

Der „inneren Aushöhlung der Vermögenssubstanz"[71] korrespondiert auch der fortschreitende körperlicher ‚Verfall' der Figur, in dem sich die Folgen der dauerhaften Selbstbekämpfung manifestieren: „Der gänzliche Mangel eines aufrichtig feurigen Interesses, das ihn [Thomas Buddenbrook] in Anspruch genommen hätte, die Verarmung und Verödung seines Inneren" führen in immer stärkerem Maße zu Depressionen und innerer „Hinfälligkeit" (vgl. 614). Diesen unaufhaltsam fortschreitenden inneren ‚Verfall' versucht er hinter einer „Maske" der penibel aufrechterhaltenen Intaktheit seiner äußeren Erscheinung „zu verstecken" (vgl. ebd.), solange sein Glaubenskonstrukt ihm die „aufreibende[] Schauspielerei" (615) als existenziell sinnvoll vorzutäuschen vermag. Zersetzt wird dieses Konstrukt langfristig

---

[71] Ebd., S. 59

mit Hilfe der katalysatorischen Funktion, die Gerda Buddenbrook, geborene Arnoldsen, als Toms Ehefrau auszuüben hat.

4.2.2 Die Demontage des familiären Glaubenskonstruktes

Wie nach dem Liebesverzicht von Thomas zu erwarten gewesen ist, handelt es sich bei seiner Ehe mit Gerda Arnoldsen um eine normkonforme „gute Partie", die der „Firma [den] bedeutenden Kapitalzufluß" (290) von 300.000 Courantmark eingebracht hat (vgl. 292). Ausschlaggebend für den Heiratsantrag war allerdings nicht die enorme Höhe dieser Mitgift, sondern allein „Gerdas Anblick" (303): „Ich sah sofort, daß sie die Einzige sei, ausgemacht sie . . ." (ebd.), wird er seiner Schwester kurz nach der Hochzeitsreise erklären. Vor dem Hintergrund der soeben erörterten Lebensproblematik liegt der zentrale Verhaltensantrieb dafür auf der Hand, denn Gerdas Habitus und Lebensweise passen auf den ersten Blick genauestens zu der selbstkonstruierten Rollenexistenz ihres Gatten: Ihrer „eleganten, fremdartigen, fesselnden und rätselhaften Schönheit" (292) korrespondiert Toms Streben nach Intaktheit der äußeren Erscheinung; der „nervösen Kälte" (643) ihrer musikalischen „Künstlernatur" (303) entspricht sein Leben im Gleichnis, das infolge von Liebesverzicht und Nervositätsausbruch ebenfalls ein zunehmend „erkaltetes und künstliches" (619) geworden ist; vor allem aber spiegelt Gerdas äußerlich sichtbare Morbidität (vgl. 343), deren auffälligstes Merkmal die „von feinen bläulichen Schatten umlagerten Augen" (291) sind, Thomas' innere Hinfälligkeit wider - und verdeutlicht zugleich den entscheidenden Unterschied zwischen diesen beiden Figuren: Im Gegensatz zu ihrem Mann, der aufgrund seiner Lebensproblematik in immer stärkerem Maße „verfallen aussah", scheint Gerda in den gemeinsamen Ehejahren nicht zu altern; sie bleibt „gleichsam konserviert in der nervösen Kälte, in der sie lebte und die sie ausströmte" (643 f.), das heißt, sie wird zwar aufgrund ihrer äußeren Erscheinung auf das ‚Verfalls'-Geschehen bezogen, bleibt davon körperlich jedoch unberührt. Diese Unberührtheit legt die Vermutung nahe, dass ihrer Ehe mit Thomas eine rein handlungsfunktionale Aufgabe im Rahmen der übergeordneten ‚Verfalls'-Thematik zukommt. In die gleiche Richtung weist auch Gerdas nicht genannte Heiratsmotivation, die der Text als semantische Leerstelle behandelt: Der Leser erfährt zwar, dass Toms zukünftige Gemahlin noch während der gemeinsamen Pensionszeit mit Tony „gar keine Lust" zum Heiraten hatte (89), nicht aber, was ihren plötzlichen Sinneswandel ausgelöst hat. Auf der Ebene des Textes muss sich die Funktion dieser Ehe folglich aus deren Ergebnis erklären: Mit der Geburt des gemeinsamen Sohnes Hanno besiegelt Gerda den ‚Verfall' der Familie Buddenbrook; sie schenkt einem Erben das Leben, der weder physisch noch psychisch zur Firmenfortführung in der Lage sein wird. Thomas' Glauben, in seinen Nachkommen „stark und verjüngt fortzuleben" (653), ist damit von dem Augenblick an widerlegt, in dem er Hanno als die noch ängstlichere, schwächere, schwankendere Persönlichkeit seiner selbst erkennt (vgl. 657). Der fremdbestimmende Lebenssinn Familie ist demontiert und mit ihm auch jene eine Stelle, an der Thomas Buddenbrooks „erkaltetes und künstliches Leben zu warmem und aufrichtigem Sorgen, Fürchten und Hoffen wurde" (619). Seine Rollenexistenz hat ihren Sinn verloren und wirft den selbsternannten Idealisten auf die lebenslang „korrigierte" (vgl. 469) und negierte Identität zurück. Die unmittelbar anschließende Schopenhauerlektüre wird denn auch von den personeigenen Antrieben dieser Figur evoziert.

Auf der Suche nach einer „für ihn" gültigen metaphysischen „Wahrheit" (vgl. 653) findet Tom in seinem Bücherschrank ein „vor Jahr und Tag" als Gelegenheitskauf erworbenes Buch wieder: „[...], der zweite Teil nur eines berühmten metaphysischen Systems. . ." (654), dessen namentlich genanntes Kapitel „Über den Tod und sein Verhältnis zur Unzerstörbarkeit unseres Wesens an sich" (655) es unschwer als den zweiten Band von Arthur Schopenhauers *Die Welt als Wille und Vorstellung* zu erkennen gibt. Bei der anschließenden Lektüreschilderung steht allerdings nicht der konkrete Inhalt des Gelesenen im Vordergrund, sondern allein das, was Thomas aufgrund seiner individuellen Lebensproblematik darunter verstehen muss: Er

findet bei Schopenhauer jene persönliche Lebenserfahrung bestätigt, die er
„von Jugend an" (469) bekämpft hatte, und erfährt dadurch nachträglich

> „[...] die Genugtuung des Leidenden, der vor der Kälte und Härte des
> Lebens sein Leiden beständig schamvoll und bösen Gewissens versteckt
> hielt und plötzlich aus der Hand eines Großen und Weisen die grund-
> sätzliche und feierliche Berechtigung erhält, an der Welt zu leiden – die-
> ser besten aller denkbaren Welten, von der mit spielendem Hohne be-
> wiesen ward, daß sie die schlechteste aller Denkbaren sei." (654)

Das Leben ist auch in diesem Fall immer noch gleichzusetzen mit der familiär auferlegten Rolle des Firmenchefs, an der Tom leidet, weil er nicht
mit ihr ‚identisch' ist. Hatte er dieses Leiden zuvor jedoch „bösen Gewis-
sens versteckt", weil er es gemäß seines Glaubenskonstruktes als Ausdruck
der eigenen Lebensuntüchtigkeit werten musste (vgl. 629), so beginnen
sich hier die Relationen umzukehren: Er kann zum ersten Mal die Möglichkeit in Erwägung ziehen, dass nicht er selbst, die personeigenen Antriebe seiner „skrupulösen Natur" (628) schlecht sind, sondern ganz allein das
normkonforme Leben, in dem er steht. Dieses zu beenden, müsste die eigentliche Konsequenz seiner Selbsterkenntnis sein, doch versucht er sich
mit Hilfe des internalisierten Wertebewusstseins noch ein letztes Mal darüber hinwegzutäuschen. In einer nächtlichen Vision spricht dieses Bewusstsein wie folgt aus seiner ‚Person':

> „Habe ich [Tom] je das Leben gehaßt, dies reine, grausame und starke
> Leben? Torheit und Mißverständnis! Nur mich habe ich gehaßt, dafür,
> daß ich es nicht ertragen konnte. Aber ich liebe euch . . . ich liebe euch
> Alle, ihr Glücklichen, und bald werde ich aufhören, durch eine enge Haft
> von euch ausgeschlossen zu sein; bald wird das in mir, was euch liebt,
> wird meine Liebe zu euch frei werden und bei und in euch sein . . . bei
> und in euch Allen!--" (658)

Schopenhauers Entindividualisierungsgedanke wird hier zu einer Art Be-
freiungsphantasie im Sinne der familiären Werte und Normen uminterpre-
tiert. Nicht das normkonforme Leben, in dem Tom als Firmen- und Familienoberhaupt zu bestehen hat, erfährt er in dieser Vision als hassenswert,

sondern sich selbst, das normabweichende persönliche Wertebewusstsein. Als „enge Haft" empfunden, setzt er dieses Bewusstsein mit jener „Individualität" (vgl. 657) gleich, von der er wie Schopenhauer im Tod befreit zu werden glaubt - verbunden jedoch mit der Hoffnung, in den „Glücklichen" weiterzuleben, die im Sinne der familiären Werte lebenstauglich sind.
Thomas versucht sich hier vorzuspiegeln, was er zuvor bereits als Täuschung durchschaut hatte, denn hinter seiner Liebe zu den „Glücklichen" verbirgt sich nichts anderes als der „sehnsüchtige[] Neid" (657) auf eine längst nicht mehr existierende, familiär verbürgte Identitäts- und Existenzsicherheit. Angesichts des drohenden existenziellen Nichts, das aufgrund der Widerlegung seines Glaubenskonstruktes zu einer greifbaren Bedrohung geworden ist, wird dieser Neid „zur Liebe [...], weil er sich fürchtet, zum Haß zu werden" (ebd.) - zum Hass auf eine Rollenexistenz, an deren Aufrechterhaltung Tom leidet und die mit der Abwendung von seinem einzigen Sohn jeglichen Sinn verloren hat. Über diesen Sinnverlust kann auch die nächtliche Liebesvision nicht dauerhaft hinwegtäuschen, so dass sich diesmal die personeigenen Antriebe zum dominanten Bewusstseinspart entwickeln: Schon kurze Zeit nach seiner metaphysischen Wahrheitssuche wird Thomas testamentarisch (vgl. 661) die Liquidierung der Getreidehandlung verfügen (vgl. 695 f.) und damit nicht nur die Firmen- und Familiennorm dauerhaft negieren, sondern vor allem die eigene, sinnlos gewordene Rollenexistenz. Das nicht mehr bekämpfte persönliche Wertebewusstsein kann sich daraufhin in jener Lebensmüdigkeit manifestieren, die das erste Mal in den Travemünder Meditationen über das Meer zum Ausdruck kommt. Auf der Weite des Meeres „träumt [laut Tom] ein verschleierter, hoffnungsloser und wissender Blick, der irgendwo einstmals tief in traurige Wirrnisse sah. . ." (672) – in die Fehlgeschlagenheit des eigenen Lebens, an der dieser letzte Firmenchef infolge seiner Selbsterkenntnis nun offen zu leiden beginnt. Die mühsam aufrechterhaltene Maske äußerer Intaktheit beginnt zu bröckeln und wird mittels des bald darauf stattfindenden Todes endgültig zerstört werden: Nach dem symbolhaften Ausbrechen einer (Zahn-) Krone (vgl. 679) stürzt Thomas Buddenbrook in den Straßendreck

und erleidet einen Gehirnschlag (vgl. 680); der Glaube an Firma und Familie, an die Zeichen „seiner [Lebens-]Hoheit" (256), musste erst vollständig gebrochen werden, bevor die innere Hinfälligkeit seiner Identität und Existenz auch den äußerlichen Sturz evozieren konnte, den endgültigen ‚Verfall' namens Tod.

4.3 Christians zunehmender Verlust des Wirklichkeitssinns

4.3.1 Hypochondrische Selbstbestrafung

Gerade im Hinblick auf die psychische Disposition fungiert Christian Buddenbrook als eine Art Kontrastfigur zu Tom, denn während sich dieser fast ein ganzes Leben lang um die Normadäquatheit seines Verhaltens bemüht, häufen sich bei Christian die normwidrigen Grenzüberschreitungen: Aufgrund seiner leichten Erregbarkeit gerät er bereits von Kindheit an in Konflikt mit der bürgerlich-gemäßigten Lebenswirklichkeit seiner Herkunftsfamilie, ohne sich jedoch von deren Wert- und Normsystem emanzipieren zu können.

Schon zu Beginn des Romans, im Alter von sieben Jahren, begegnen bei dieser Figur die ersten Nervositätssymptome - eine zentrale ‚Verfalls'-Spur, die sich im weiteren Handlungsverlauf zur hypochondrischen Furcht vor Krankheiten steigern wird. Den Ausgangspunkt dieser Entwicklung bildet eine kurze Szene, die sich am Rande der Einweihungsfeier des Mengstraßenhauses abspielt. Der kleine Christian, dem das schwere Festessen auf den Magen geschlagen ist, klagt der Konsulin zunächst wie folgt sein Leid:

> „'Mir ist übel, Mama, mir ist *verdammt* übel!' wimmerte [er], während seine runden, tiefliegenden Augen über der allzu großen Nase unruhig hin und her gingen. Er hatte das ‚verdammt' nur aus übergroßer Verzweiflung hervorgestoßen [...]" (34)

Das leitmotivisch verwendete Figurenmerkmal der ‚unruhig hin und her wandernden Augen' begegnet hier zum ersten Mal. Ebenso wie die ‚Übergröße' der empfundenen Verzweiflung ist es dem Komplex nervöser „Erregungserscheinungen" zuzuordnen, die in der zeitgenössischen Medizin zu den zentralen neurasthenischen Symptomen gezählt wurden.[72] Im oben genannten Textbeispiel werden diese Symptome von dem Gefühl körperlicher Übelkeit ausgelöst, das von dem siebenjährigen Sohn der Konsulin als belastendes, wenn nicht gar beängstigendes Moment empfunden wird. Der in dem Zusammenhang begangene, verbale Normverstoß wird vom Erzähler denn auch ausdrücklich auf die momentane psychische Verfassung des Kindes zurückgeführt, wodurch die Reaktion der Mutter unangemessen hart erscheint: Mit dem Gebrauch des Wortes „verdammt" hat Christian in ihren Augen gegen den gesellschaftlich-familiären Umgangston verstoßen, das heißt gegen die repräsentative Außendarstellung der Familie, und wird dafür sogleich zurechtgewiesen: „'Wenn wir solche Worte gebrauchen, straft uns der liebe Gott mit noch größerer Übelkeit!'" (34).

In Bezug auf die psychische Disposition des Siebenjährigen ist dieser Verweis der standesbewussten Konsulin in zweierlei Hinsicht von Bedeutung: Zum einen wertet sie den begangenen Normverstoß als strafbares Vergehen, ohne auf die dahinter stehende Verzweiflung des Kindes zu achten; zum anderen definiert sie die in Aussicht gestellte Strafe als „noch größere[] Übelkeit" und führt ihrem Sohn damit genau jenen Faktor vor Augen, der seine Nervosität sowie das daraus resultierende Fehlverhalten erst bewirkt hat. Anstatt ihn zu beruhigen trägt sie somit zur Steigerung von dessen Erregung bei, die sich dann angesichts von Doktor Grabows Diätvorschlag wie folgt entladen wird:

> „'Ich will keine Taube!' rief Christian außer sich. ‚Ich will niemals wieder etwas essen! Mir ist übel, mir ist *verdammt* übel!' Das starke Wort

---

[72] Vgl. zur zeitgenössischen Neurastheniedebatte Schonlau 1997, S. 101 f. Als in der zeitgenössischen Medizin einheitlich geschilderte neurasthenische Symptome arbeitet sie zum einen die „Ermüdungsphänomene", zum anderen die „Erregungserscheinungen" heraus, die sie charakterlich auf Thomas und Christian Buddenbrook verteilt sieht.

schien ihm geradezu Linderung zu bereiten, mit solcher Inbrunst stieß er es hervor." (35)

Die nervöse Erregung lässt ihn hier die Kontrolle über die eigene ‚Person' verlieren, so dass er „außer sich" gerät und denselben Normverstoß noch einmal begeht, der ihm unmittelbar zuvor als strafbar vor Augen geführt worden ist. Die „Linderung" dieser affektiven Entladung kann denn auch nur von kurzer Dauer gewesen sein: Schon beim nächsten im Text dargestellten Essen im Familienkreis wird Christian von der panischen Furcht geplagt, an einem Pfirsichkern zu ersticken (vgl. 68). Setzt man diese Szene rückblickend in Bezug zu der Strafandrohung der Konsulin, so lässt sich die folgende These aufstellen: Die hypochondrische Furcht vor körperlichen Fehlfunktionen oder Krankheiten, die diese Figur ein Leben lang plagen wird, ist lediglich eine Abwandlung der Furcht des siebenjährigen Kindes vor jener „noch größere[n] Übelkeit", die es angesichts des wiederholten familiären Normverstoßes zu erwarten zu haben glaubt. Das aber bedeutet: Auch Christian Buddenbrook muss die tradierten Werte und Normen seiner Herkunftsfamilie frühzeitig internalisiert haben, mit denen er nicht zuletzt aufgrund seiner nervösen Erregbarkeit immer wieder in Konflikt gerät. Hinter seiner Hypochondrie verbirgt sich demzufolge nichts anderes als die ganz normkonforme Furcht vor der zu strafenden Inadäquatheit seiner personeigenen psychischen Antriebe - eine Furcht, die auch bei dieser Figur aus der personfremden Übernahme der familiären Werte und Normen resultiert.

Der hier angedeuteten Lebens- oder Identitätsproblematik entsprechend wird Christians hypochondrische Furcht in dem Maße zunehmen, in dem er fortfährt, gegen die übernommenen Wertvorstellungen zu verstoßen. Gemäß seiner leichten Erregbarkeit ist dabei zunächst der familiär tabuisierte Bereich der Erotik und Sexualität von Belang, mit dem er während eines achtjährigen Auslandsaufenthaltes (vgl. 258) nachhaltige Bekanntschaft machen wird. Der Erzähler hebt in dem Kontext besonders die Beeinflussung durch die in London verbrachte Zeit hervor (vgl. 260), eine Zeit, in der Christian Buddenbrook „eine allzu große Schwäche für die Zerstreuungen der Weltstadt [...] an den Tag [legte]" (237). Zurück in ‚Lübeck' plagt ihn deshalb die Angst vor einer Syphilisinfektion,[73] auf die sich seine Gedanken unter anderem im Zusammenhang mit dem englischen Lied „That's Maria!" zu richten beginnen. Seiner Familie gegenüber fasst er den Inhalt dieses Liedes folgendermaßen zusammen:

> „'Maria, wißt ihr, Maria ist die Schändlichste von allen ... Wenn Eine das Sündhafteste begangen hat: that's Maria! Maria ist die *Allerschlimmste*, wißt ihr ... das Laster ...'" (262)

Und nachdem er kurze Zeit „in ein tiefes, unruhiges Nachdenken über Maria und das Laster versunken [schien]" (ebd.), fährt er fort:

> „'Sonderbar ... manchmal kann ich nicht schlucken! Nein, da ist nichts zu lachen; ich finde es furchtbar ernst. Mir fällt ein, daß ich vielleicht nicht schlucken kann, und dann kann ich es wirklich nicht. Der Bissen sitzt schon ganz hinten, aber dies hier, der Hals, die Muskeln ... es versagt ganz einfach ... [...].'" (262)

Christian befürchtet hier die Beeinträchtigung seiner Schlingmuskulatur, ein Krankheitssymptom, das ihm offensichtlich angesichts der Erinnerung an die in London erfahrenen „Zerstreuungen" einfällt, auf die das oben genannte Lied zurückverweist. Die Korrelation der darin besungenen weiblichen Hauptfigur „Maria" mit „Laster", Sünde und Schande legt in dem Kontext die Assoziationen sexueller Freizügigkeit oder Prostitution nahe, vor deren Hintergrund sich die befürchteten Schluckbeschwerden als Symptom der Geschlechtskrankheit Syphilis interpretieren lassen.[74] In die gleiche Richtung deuten außerdem die im weiteren Handlungsverlauf hinzutretenden Krankheitsanzeichen und -ängste dieser Figur: Gerade hinter der „fortwährende[n], leise[n], beunruhigende[n] Qual im ganzen Bein ... und an der linken Seite" (290), an der laut Diagnose eines Hamburger Arztes

---

[73] Zum Nachweis einzelner Syphilis-Symptome vgl. Schonlau 1997, S. 103–111. Sie greift den entsprechenden Hinweis von Ratkau 1996, S. 43 auf.

[74] Die Beeinträchtigung der Schlingmuskulatur wird bei Schonlau als eines der vor 1906 medizinisch anerkannten Symptome einer syphilitischen Erkrankung nachgewiesen (Schonlau 1997, S. 105).

„alle Nerven zu kurz" sind (404), musste der zeitgenössische Leser ein fortschreitendes Stadium eben dieser Geschlechtskrankheit argwöhnen, da sich die beginnende Paralyse einer syphilitischen Erkrankung bis zur 1906 erfolgten Erfindung des Wassermann-Tests nicht eindeutig von einem nervösen Leiden unterscheiden ließ.[75] Die Übersteigerung von Christians Syphilisfurcht relativiert die Ernsthaftigkeit der im Text genannten Symptome allerdings entscheidend und legt zugleich die Interpretation seiner Angst als hypochondrisches Nervenleiden nahe. So glaubt er beispielsweise während längerer Zeit, an „Lungenschwindsucht" erkrankt zu sein (vgl. 311) - ein Syphilissymptom, das auch *Meyers Konversations-Lexikon* kennt[76] -, muss jedoch feststellen, dass es sich dabei lediglich um eine periodisch wiederkehrende, nervöse „Atemnot" (vgl. ebd.) handelt. Auch die Lähmung des „Denkvermögens" (663) beziehungsweise des Gehirns, vor der er ein „unbesiegbares Furchtgefühl" empfindet, wird unter dem entsprechenden Syphilis-Lemma des Lexikons aufgelistet.[77] „Zwar wurde nichts an ihm gelähmt", stellt der Erzähler im Hinblick auf die körperliche Verfassung seiner Figur fest, „aber war nicht die Furcht davor beinahe noch schlimmer?" (ebd.).

Aufschlussreich in Bezug auf die Ebene der Identitäts- und Existenzproblematik ist auch hier wieder der Zusammenhang von hypochondrischem Nervenleiden auf der einen Seite und internalisiertem Familienbewusstsein auf der anderen Seite. Er lässt sich am Beispiel von Christians personeige-

---

[75] Vgl. Radkau 1996, S. 43; vgl. dazu auch die Angaben von Schonlau, die Christians zu kurze Nerven ebenfalls in Zusammenhang mit den Spätfolgen einer Syphilis bringt. Sie vermutet dahinter allerdings „Degenerationserscheinungen des Rückenmarks", das heißt eine „spinale Beeinträchtigung in Form der Rückenmarksschwindsucht". Nach damaligem Forschungsstand war diese Krankheit nicht klar von der progressiven Paralyse zu trennen (Schonlau 1997, S. 106).

[76] Vgl. dazu den Syphilis-Eintrag in Meyers Konversations-Lexikon, 4. Aufl., Bd. 15: Sodbrennen-Uralit, Leipzig 1889, S. 466: „[...]; in den Lungen kann die S.[yphilis] eine besondere Art der Schwindsucht bedingen [...]".

[77] Vgl. dazu den Syphilis-Eintrag ebd.: „[...]; im Gehirn und Rückenmark können Lähmungen aller Art durch gummöse Knoten entstehen [...]".

nen Bewältigungsversuchen seiner Syphilisfurcht rekonstruieren. Zur Linderung der einzelnen Beschwerden bekommt er die verschiedensten ärztlichen Mittel verordnet, deren Wirkung er seinem Bruder Thomas exemplarisch am Beispiel einer „Salbe für die Halsmuskeln" (318) erläutert:

> „'[...] Gebrauche ich sie [die Salbe] nicht, unterlasse ich es, sie zu gebrauchen, so komme ich mir ganz verloren und hülflos vor, bin unruhig und unsicher und ängstlich und in Unordnung und kann nicht schlucken. Habe ich sie aber gebraucht, so fühle ich, daß ich meine Pflicht getan habe und in Ordnung bin; dann habe ich ein gutes Gewissen, bin still und zufrieden, und das Schlucken geht herrlich. Die Salbe tut es, glaube ich, nicht, weißt du . . . aber die Sache ist, daß so eine Vorstellung, versteh' mich recht, nur durch eine andere Vorstellung, eine Gegenvorstellung aufgehoben werden kann . . . [...]'" (318)

Die „Gegenvorstellung", die zur Linderung der Schluckbeschwerden und damit zur Gesundheit führen soll, wird in dem Textauszug mit einem Gefühl der Pflichterfüllung gleichgesetzt. Anders ausgedrückt: Indem Christian die ihm verordnete Salbe anwendet, befolgt er eine vom Arzt angewiesene Norm, die sein „Gewissen" ebenso wie das körperliche Befinden „in Ordnung" hält. In Umkehrung der Gesundheitsvorstellung lassen sich somit folgende Rückschlüsse auf die vermeintliche Syphilisinfektion ziehen: In Analogie zu der „Gegenvorstellung" Gesundheit muss die Krankheitssuggestion durch das Gefühl versäumter Pflichterfüllung zustande gekommen sein. Dieses Gefühl hat sich in einer Art Unrechtsbewusstsein manifestiert, das seinerseits negativ auf „Gewissen" und körperliches Befinden zurückwirkt. Dass dem Unrechtsbewusstsein dabei erneut das Wissen um das eigene, familiär inadäquate Betragen zugrunde liegt, lässt bereits das oben ausgeführte erotische Fehlverhalten der Figur vermuten. Ein zweiter Blick auf den Londonaufenthalt untermauert diese These auch in beruflicher Hinsicht: Neben der Syphilisangst ist die „Weltstadt" (237) für Christian außerdem mit dem Beginn seiner „merkantile[n] Laufbahn" (172) korreliert, für die er sich nach Abbruch seines Studiums ganz im Sinne der tradierten familiären Werte entschieden hat. Sein vermeintliches Interesse an dem traditionellen Beruf wird jedoch von Anfang an von der „allzu große[n] Schwäche für die Zerstreuungen" (237) unterlaufen, einer „Schwäche", die sich nicht nur negativ auf seine normkonforme Tätigkeit „im Geschäft" von Mr. Richardson auswirkt, sondern sie darüber hinaus auch als personfremd entlarvt.

Gemäß der oben erörterten Lebensproblematik führt die hier zutage tretende Differenz zwischen dem eigenen Verhalten und der personfremden Existenzform des Kaufmanns gleichwohl nicht zur Auslösung eines Selbstfindungsprozesses, denn die Auseinandersetzung mit dem fremdbestimmenden Familienbewusstsein findet ebenso wenig statt wie die Wahl einer personeigenen Lebensform. Vielmehr straft Christian sich getreu der Strafandrohung der Konsulin selbst für sein familiär inadäquates Verhalten, und zwar mit jener hypochondrischen Furcht vor Syphilis, die ihm das internalisierte Wertebewusstsein aufgrund der begangenen Normverstöße suggeriert. Diese Krankheitsvorstellung versucht er in der Folge durch die „Gegenvorstellung" Gesundheit zu ersetzen, indem er zunächst an Stelle der übertretenen Firmen- und Familiennorm die Ersatznorm ärztlicher Anordnungen befolgt. Nicht die Entwicklung einer eigenen Identität lässt sich somit als Ergebnis von Christian Buddenbrooks normwidrigem Verhalten konstatieren, sondern die normkonforme Selbstbestrafung mit einer Krankheitsvorstellung, die seinen Realitätssinn im weiteren Handlungsverlauf in zunehmendem Maße unterlaufen wird. Anstatt das tradierte Wertebewusstsein durch ein persönliches zu ersetzen, wird auch er sein Leben lang eine selbstentfremdete Rollenexistenz führen, die es ihm in ihrer Verselbständigung zwar ermöglicht, den familiären Anforderungen auszuweichen, jedoch ohne sich dauerhaft von ihnen emanzipieren zu können. Deutlich wird diese Fremdbestimmtheit insbesondere, als Christian nach dem Tod des Vaters eine Prokuristenstelle in der Firma seines Bruders antritt.

4.3.2 Die Verselbständigung der Rollenexistenz

Schon die Art, in der Christian seiner anfänglichen Begeisterung für die Beschäftigung im heimischen Familienbetrieb Ausdruck verleiht, legt die Vermutung nahe, das „Eifer und Vergnügen" (269) dabei lediglich von kurzer Dauer sein werden: Gemäß seiner Identitäts- und Existenzproblematik stehen für ihn zu diesem Zeitpunkt bereits nicht mehr die familiären Lebensziele der Besitz- und Ansehenssteigerung im Vordergrund, sondern vielmehr die Rückwirkung des normkonformen Verhaltens auf das eigene physische und psychische Empfinden. Seiner Schwester Tony gegenüber bringt er diese Egozentrik auf den Punkt, und zwar am Beispiel einer Zustandsbeschreibung seiner Hände, die sich nach verrichteter Arbeit gleichsam „zufrieden" fühlen (vgl. 270):

> „'Man schließt die Faust, weißt du . . . sie ist nicht besonders kräftig, denn man ist müde von der Arbeit. Aber sie ist nicht feucht . . . sie ärgert Einen nicht . . . Sie fühlt sich selbst gut und behaglich an . . . Es ist ein Gefühl von Selbstgenügsamkeit . . . Man kann ganz still sitzen, ohne sich zu langweilen . . .'" (270)

Ähnlich wie beim Befolgen ärztlicher Anweisungen beschreibt Christian hier erneut ein Gefühl der Pflichterfüllung oder Gewissensberuhigung, das diesmal durch das vermeintlich direkte Befolgen der tradierten Wertvorstellungen erzeugt worden ist: Mit dem Ausüben einer bürgerlich-kaufmännischen Beschäftigung versucht er, die in ihn gesetzten familiären Erwartungen zu erfüllen, die bereits Johann Senior in dem Auftrag „'Werde was Ordentliches!'" (71) formuliert hatte. Christian glaubt sich also vorübergehend im Einklang mit dem internalisierten Wertebewusstsein, was insbesondere durch die Betonung seiner ausdrücklich als „nicht feucht" beschriebenen „Faust" nahe gelegt wird: Der Nervosität, die sich ja als Erregungsphänomen in der Feuchtigkeit der Hände manifestiert hätte, ist durch das normadäquate Verhalten ebenso der Auslösefaktor entzogen wie dem indoktrinierten Unrechtsbewusstsein die zu suggerierende Strafe. Das somit evozierte „Gefühl der Selbstgenügsamkeit" und Zufriedenheit ist allerdings nur von kurzer Dauer, denn es resultiert nicht aus der ‚Identität' der normkonformen Kaufmanns-Existenz mit den personeigenen Antrieben. Letztere lassen diesen Buddenbrook vielmehr immer wieder in jene Erzählungen und schauspielerischen Nachahmungen flüchten, mit denen er nicht nur die familiären Werte und Normen ad absurdum führt, sondern auch die eigene, selbstentfremdete Rollenexistenz. So preist er etwa im einen Moment den bürgerlich-geregelten Tagesablauf, der es einem erlaube, alles „emsig, nach der Reihe, Eins nach dem Anderen" (269) zu erledigen, nur um sich im nächsten Augenblick in jene „Messer- und Revolvergeschichten" (270) zu flüchten, deren mutmaßliches „Lob der Unordnung" die unmittelbar zuvor konstatierte Zufriedenheit mit der kaufmännischen Existenz als bloße Selbsttäuschung entlarvt. Noch deutlicher werden die personeigenen Ausweichmanöver dieses Geschichtenerzählers, wenn er auf den jungen Londoner Johnny Thunderstorm zu sprechen kommt, einen „Bummelanten", den er im „Comptoir in Valparaiso" kennen gelernt hat und den er „,'Gott verdamm' mich, niemals hatte arbeiten sehen'" (273). Thomas, der gemäß seiner eigenen Lebensproblematik „fühlte, daß Christian diese Geschichte nur deshalb mit so viel Freude erzählte, weil sie ihm eine Gelegenheit bot, mit Spott und Verachtung von der Arbeit zu sprechen" (273), wird den Bruder deshalb nach wiederholten Verstößen gegen die familiäre Außendarstellung aus der Firma werfen, nachdem er ihn zuvor als „Auswuchs", als „ungesunde Stelle am Körper unserer Familie" (320) bezeichnet hat – als ‚Verfalls'-Objekt, zu dem sich Christian mit seinen stadtbekannten „Harlekiniaden" (318) nicht nur in gesellschaftlich-familiärer Hinsicht, sondern vor allem auch im Hinblick auf die eigene psychische Verfassung entwickelt hat.

Aufschlussreich ist in dem Zusammenhang Toms Behauptung, das „heimliche[] Ideal" des Bruders sei das des „Possenreißer[s]" (319) - eine Unterstellung, der Christian „durchaus nicht" widersprechen wird. Schon während seines langjährigen Auslandsaufenthaltes hatte er „viel mit Schauspielern verkehrt" (261), die er von Jugend an (vgl. 81) um ihr Rollenspiel „ohne Verlegenheit" (261), um ihr sicheres Auftreten beneidet hat - eine

Sicherheit, die ihm selbst nicht nur in seiner personfremden Kaufmannsexistenz fehlt, sondern gerade auch bei jenen schauspielerischen und erzählerischen Fluchtversuchen in immer neue Rollen. So heißt es etwa angesichts seiner Imitation eines Klaviervirtuosen:

> „Plötzlich [...] brach er ab. Ganz unvermittelt wurde er ernst: so überraschend, daß es aussah, als ob eine Maske von seinem Gesicht heruntergefiel; er stand auf, strich mit der Hand durch sein spärliches Haar, begab sich an einen anderen Platz und blieb dort, schweigsam, übellaunig, mit unruhigen Augen und einem Gesichtsausdruck, als horche er auf irgend ein unheimliches Geräusch." (263)

Christian fällt hier gleichsam aus der Rolle, wobei die „unruhigen Augen" erneut als Anzeichen nervöser Erregung fungieren. Im oben genannten Beispiel wird diese Erregung bereits von einem befremdlichen Horchen begleitet, das der Erzähler im weiteren Handlungsverlauf als hypochondrisches Merkmal konkretisiert. Den Abbruch einer Sprech-Clown-Nachahmung schildert er demgemäß wie folgt: „ [...], er [Christian] strich mit der Hand an seiner linken Seite hinunter, es war, als horche er in sein Inneres hinein, [...]" (449 f.). Die vermeintliche Syphilisinfektion kommt ihm hier in den Sinn, mit der er auch das vorzeitige Beenden einer Puppentheateraufführung begründen wird:

> „'Ja, seht ihr, nun ist es wieder aus', [...]; ‚nun kommt wieder die Strafe. Es rächt sich immer gleich, wenn ich mir mal einen Spaß erlaube. Es ist kein Scherz, wißt ihr, es ist eine Qual . . . eine unbestimmte Qual, weil hier alle Nerven zu kurz sind. Sie sind ganz einfach alle zu kurz . . .'" (539)

Die „Qual" als vermeintliche Spätfolge einer syphilitischen Erkrankung wird in diesem letzten Beispiel ganz explizit als „Strafe" gesetzt, und zwar für jenen „Spaß" des Rollenspiels, das für Christians normabweichende Fluchtversuche vor seiner selbstentfremdeten Rollenexistenz steht. Da es ihm von Jugend an nicht gelungen ist, eine eigene Identität zu entwickeln, wird ihn das internalisierte Familienbewusstsein auf diesen Fluchtversuchen immer wieder einholen, indem es ihm jene hypochondrische Krankheitsvorstellung suggeriert, mit der er sich selbst an Stelle der Überinstanz Familie für das inadäquate Verhalten bestraft. Die Folge ist nicht nur das fortwährende Aus-der-Rolle-Fallen dieser Figur, sondern auch der zunehmende Verlust des Wirklichkeitssinns. So wird die Krankheitssuggestion ihn am Ende gar dazu verleiten, die Halbweltdame Aline Puvogel zu heiraten, die er seinem Bruder gegenüber folgendermaßen beschreibt:

> „'[...] Sie ist so gesund ... so *gesund* ... !' wiederholte [er], indem er eine Hand, ihren Rücken nach außen, mit gekrümmten Fingern vors Gesicht hielt, ähnlich wie er zu tun pflegte, wenn er von ‚That's Maria' und dem Laster in London erzählte." (405)

Der Gedanke an Alines Gesundheit ist offenbar engstens mit dem Gedanken an jene vermeintliche Syphilisinfektion korreliert, die hier wiederholt unter der Chiffre des englischen Liedes „That's Maria" aufgerufen wird. Vor dem Hintergrund der personeigenen Bewältigungsversuche dieser Syphilisfurcht lässt sich somit folgende Vermutung aufstellen: Mit seiner Ehe versucht Christian noch einmal, die „Vorstellung" (318) Krankheit durch die „Gegenvorstellung" Gesundheit zu ersetzen, und wird dabei erneut an seinem indoktrinierten Unrechtsbewusstsein scheitern. Gemäß des gesellschaftlich-familiären Normverstoßes, den er mit dieser unstandesgemäßen „Partie" begeht, kommt es nicht nur zur sozialen Ächtung Alines von Seiten seiner Herkunftsfamilie,[78] sondern auch zur Zunahme der ihn plagenden „Wahnideen und Zwangsvorstellungen" (700). Kurz nach der Eheschließung kann er deshalb „auf Veranlassung seiner Gattin und eines Arztes" in eine psychiatrische Anstalt eingewiesen werden (vgl. ebd.), in der er gleichsam todesäquivalent sein Dasein fristet. Das internalisierte Wertebewusstsein hat Christian Buddenbrook folglich in eine sich mehr und mehr verselbständigende Rollenexistenz getrieben, die aufgrund unterbliebener

---

[78] Nach dem Tod von Thomas und Hanno Buddenbrook wird die soziale Ächtung hier stellvertretend von Tony vollzogen, und zwar in einem „außerordentlich feindseligen Brief" an Aline Puvogel (vgl. S. 695).

Selbstfindung und Emanzipation auch vor dem ‚Verfall' des Realitätssinns nicht Halt gemacht hat.

4.4 Claras Lebensentfremdung

Clara Buddenbrook ist durch einen deutlichen Altersunterschied von ihren drei älteren Geschwistern getrennt,[79] deren Identitäts- und Existenzproblematiken sie gleichsam zum Abschluss bringt. Hatte sich das Leben von Tony, Thomas und Christian zum verfallsträchtigen Rollenspiel entwickelt, da es von dem internalisierten Familienbewusstsein fremdbestimmt wurde, so steigert sich die Selbstentfremdung bei Clara quasi zur Lebensentfremdung: Ihre Existenz gerät zum Rollenspiel, da sie immer stärker auf den Tod ausgerichtet wird.

Schon von Geburt an ist diese Figur mit dem Tod korreliert, denn Elisabeth Buddenbrook bringt ihre jüngste Tochter nicht nur „um etwas zu früh" (51) und unter „große[n] Schmerzen" auf die Welt; von symbolischer Bedeutung ist in dem Zusammenhang auch die gelbe Farbe von Claras „runzlige[n] Fingerchen" (57). Als „Signal für Tod und Verfall"[80] begegnet diese Farbe im Text unter anderem bei der Beschreibung von Todesfällen, so etwa bei der Aufbahrung der verstorbenen Konsulin, deren „gefaltete[] Hände" (588) ebenfalls als gelb und durchsichtig bezeichnet werden. In Bezug auf Clara lässt sich somit feststellen: Ihre frühzeitige Korrelation mit dem Tod nimmt gleichsam das vorzeitige Ende ihres Lebens vorweg, das somit von Anfang an im Zeichen des ‚Verfalls' steht; es wird ein „Nicht-Leben" bleiben, das sie gar nicht erst zu sich selbst finden lässt: Clara flüchtet sich

---

[79] Clara Buddenbrook wird erst 1838 geboren, während die Geburten von Thomas, Tony und Christian bereits in den Jahren 1826, 1827 und 1828 stattgefunden haben.

[80] Ernst Keller: Leitmotive und Symbole. In: Buddenbrooks-Handbuch 1988, S. 134; vgl. in diesem Sinne auch: Gunter Reiss: „Allegorisierung" und moderne Erzählkunst: Eine Studie zum Werk Thomas Manns, München 1970, S. 230

bereits vor der sie umgebenden Lebenswirklichkeit ihrer Herkunftsfamilie in eine Religiosität, deren Jenseitsbezug sie in immer stärkerem Maße lebensunfähig werden lässt.

In den wenigen Szenen, in denen diese Figur in Erscheinung tritt, wird insbesondere der isolative Charakter ihrer Religiosität vor Augen geführt, mit dem sie sich von ihrer Umwelt separiert. So zieht sie es etwa vor, „für kleine Negerkinder Strümpfe [zu] stricken" (243), anstatt mit ihrer Familie einen Sonntagsspaziergang zu machen und nimmt an den „Gesellschaften im Elternhaus" lediglich „mit unnahbarer Würde" teil (285). Die Zeit nach dem Tod des Vaters verbringt sie sogar „fast unaufhörlich mit Beten auf ihrem Zimmer" (251), wie „erstarrt" in einer „Gottesfurcht" (ebd.), die sie schon im Leben todesäquivalent erscheinen lässt.

Claras fehlender Diesseitsbezug bleibt auch für die familiäre Lebensaufgabe der „guten Partie" nicht folgenlos: Mit dem Pastor Sievert Tiburtius heiratet sie einen spitzfindigen „Erbschleicher" (434), der in ihr von Anfang an einen „Schatz und Gottessegen" (284) erkennt und die Religiosität seiner Frau nutzt, um sich nach ihrem Tod ihr familiäres Erbteil anzueignen - einen „Schatz" von 127.500 Courantmark (vgl. 434).

Die Lebensentfremdung dieser Figur trägt folglich ihren Teil zum finanziellen ‚Verfall' der Buddenbrooks bei und lässt sie außerdem eine Ehe eingehen, in der sie ebenso wenig Halt finden wird wie in den Werten und Normen ihrer Herkunftsfamilie: In den acht gemeinsamen Jahren mit Tiburtius verschlechtert sich ihre Gesundheit rapide, bis sie schließlich im Alter von sechsundzwanzig an Gehirntuberkulose stirbt. Sie gibt sich einfach „keine Mühe [...], zu leben", kommentiert der Ehemann ihr Sterben. „Sie hat sich ja immer nach dem Himmel gesehnt . . ." (428).

Die Religiosität dient ihm hier als Chiffre einer Todessehnsucht, die sich bereits in dem isolativen Charakter von Claras Familiendasein angekündigt hatte. Statt sich mit dem Leben auseinander zu setzten, es aktiv zu gestalten, entzieht sie sich ihm und flüchtet sich in einen Glauben, der ihr den Tod als Lebensziel suggeriert. Ihrem daraus resultierenden „Nicht-Leben" korrespondiert auch die innere Wirklichkeit ihrer Herkunftsfamilie: Dominiert von Tod und ‚Verfall' wird diese Realität immer mehr als zu Ende gehender Prozess erfahren - ein Prozess, der in der Figur Hanno Buddenbrooks schließlich seinen Endpunkt erreicht.

5. Hannos Lebensverneinung

Hanno Buddenbrook repräsentiert jene letzte von vier Generationen, in der sich das dargestellte Familiensystem letztendlich selbst zerstört. Waren schon die Figuren der zweiten und dritten Generation in zunehmendem Maße am Absolutheitsanspruch der familiären Werte und Normen gescheitert, so manifestiert sich die innere Familienwirklichkeit für den letzten potenziellen Firmenchef bereits in derart übersteigerten Erwartungen, dass der personeigene Selbstfindungsprozess bei ihm gleichsam lahm gelegt wird: Statt emanzipatorische Normverstöße zu begehen, eine eigene Identität zu konstituieren, bleibt er passiv und gelähmt einem Leben gegenüber, dem er schon mit etwa sechzehn Jahren den Tod vorzieht.

Seinem frühzeitigen Ende entsprechend wird dieser Schwächste aller Buddenbrooks von Anfang an durch Todesmerkmale charakterisiert, wobei insbesondere dem „bläuliche[n] Schatten" (396) um seine Augen leitmotivische Bedeutung zukommt:[81] Schon kurz nach der Geburt, die „für Mutter und Kind eine verzweifelte Stunde gewesen ist" (397), begegnet der Schatten zum ersten Mal und „kleidet ein vier Wochen Altes nicht zum besten" (396.). Wenig später hätte denn auch „ein nur drei Tage dauernder Anfall von Brechdurchfall beinahe genügt, [Hannos] mit Mühe in Gang gebrachtes kleines Herz endgültig stillstehen zu lassen" (423), und selbst beim Zahnen gerät er wiederholt in Lebensgefahr. „Das Ende schien fast wünschenswert" (ebd.), kommentiert der Erzähler - ein schlechtes Omen für die familiären Erwartungen, die sich schon vor der Geburt auf den lange ersehnten und von Gott erbetenen (vgl. 396) einzigen Sohn von Thomas und Gerda konzentriert haben. Nicht nur „die Firma verlangte einen Erben" (620), auch Toms Glaubenskonstrukt (vgl. 652) sowie „das Fortleben des Familiennamens" (364) fordern einen „Stammhalter" (396); vor allem aber bedürfen die familiären Befürchtungen und Ängste angesichts des fort-

---

[81] Vgl. in diesem Sinne auch Ernst Keller: Leitmotive und Symbole. In: Buddenbrooks-Handbuch 1988, S. 136

schreitenden ‚Verfalls' der Hoffnung, dass „'wir Buddenbrooks [...] noch nicht aus dem letzten Loch [pfeifen]'" und dass mit dem neuen, potenziellen Firmenchef „'noch einmal eine ganz neue Zeit kommen muß'" (402).[82] Diese Hoffnung zeigt sich bereits in dem vollständigen Namen, auf den Hanno getauft wird: Justus Johann Kaspar Buddenbrook (vgl. 399).[83] Die Vornamen Justus und Kaspar stimmen dabei mit denen der beiden Taufpaten überein, wobei insbesondere der letzte von Bedeutung ist: Als zweiter Pate fungiert der Bürgermeister Doktor Kaspar Oeverdieck, das amtierende „Staatsoberhaupt[]" (399). In Bezug auf Hanno transportiert sein Name jenen Wunsch nach Ansehenssteigerung, der dem gesellschaftlich-familiären Abstieg der Familie immer stärker kontrastieren wird. Die Hoffnung auf den wirtschaftlich-finanziellen Wiederaufstieg der Firma ist dagegen im Rückgriff auf den Familiennamen Johann präsent,[84] mit dem neben der Firmentradition auch die Vorbildfunktion Johann Seniors aufgerufen wird:

> „Ein Bild schwebte [Tom] vor, nach dem er seinen Sohn zu modeln sich sehnte: das Bild von Hannos Urgroßvater, wie er selbst ihn als Knabe gekannt - ein heller Kopf, jovial, einfach, humoristisch und stark . . . Konnte er so nicht werden?" (522)

Nicht das zu verwirklichende Potenzial der personeigenen Antriebe wird in diesem Textauszug als Ausgangspunkt der Erziehung gesetzt, sondern ein personfremdes Wunschbild, nach dem Hannos Identität ‚gemodelt', das heißt umgeformt werden soll. In Übereinstimmung mit seinem familiär verbürgten Glaubenskonstrukt hofft Thomas hier noch, in seinem Sohn wiederbeleben zu können, wovon sich schon die beiden Vorgängergenerationen immer weiter entfernt hatten: Die von Johann Senior verkörperte ‚Identität' der familiären Werte und Normen mit dem persönlichen Wertebewusstsein.

---

[82] Vgl. dazu weiterführend die Ausführungen Vogtmeiers zum familiär konstruierten Rettungsmythos, als dessen Hauptverfechterin er Tony Buddenbrook sieht (Vogtmeier 1987, S. 138).

[83] Vgl. in diesem Sinne ebd., S. 163

[84] Vgl. ebd.

Diese übersteigerten Erwartungen hat Hanno frühzeitig internalisiert, doch entlarvt schon seine schwache physische Konstitution die Ähnlichkeit mit dem „stark[en]" Urgroßvater als bloße Äußerlichkeit. Identitätsbildend kann die Firmen- und Familiennorm auch bei diesem letzten Buddenbrook nicht mehr wirken. Vielmehr evozieren die familiären Wunschvorstellungen bei ihm jene unbestimmten Traurigkeitsgefühle, denen mehr zugrunde liegt, „als seine persönlichen Kümmernisse"; auf ihm lastet „eine Bürde, die von Anbeginn seine Seele beschwert [hat]" (702) und sein Leben sogar bis in die Träume hinein fremdbestimmt.

Schon in den ersten Schuljahren leidet Hanno am sogenannten „pavor nocturnus" (465), einem im Traum erfahrenen Schreckenszustand, der ihn mit einem „Angstschrei" aus dem Schlaf auffahren lässt, jedoch ohne dass er „etwas von der Wirklichkeit" (462) wahrnimmt. Anders als beim Alptraum bleibt das Bewusstsein nach dem Aufwachen getrübt, so dass er auch am nächsten Morgen „nichts mehr von Allem [wußte]" (514). Die nächtlichen Angstzustände bilden von vornherein einen scharfen Kontrast zu der vom Firmengründer überlieferten „Familienmaxime der guten Nachtruhe",[85] die da lautet: „'Mein Sohn, sey mit Lust bey den Geschäften am Tage, aber mache nur solche, daß wir bey Nacht ruhig schlafen können'" (56). Bei Hanno wird diese Maxime ad absurdum geführt, denn es sind nicht die Geschäfte, die ihn schon als Kind bis in die Träume hinein verfolgen, sondern die eigenen Versagensängste gegenüber dem internalisierten Familienbewusstsein. Ein Blick auf die Wortfetzen, die das Kindermädchen Ida und Tony während einer minutenlangen Aufwachphase vernehmen, macht dies deutlich: Hannos Angstanfall wird begleitet von Versbrocken, die aus Brentanos und Arnims Gedichtsammlung „Des Knaben Wunderhorn" (463) stammen und seiner Lebensproblematik gleichsam den Spiegel vorhalten.[86] Von besonderer Bedeutung ist in dem Zusammenhang das Gedicht

---

[85] Volkmar Hansen: Hanno Buddenbrook soll ein Gedicht aufsagen. In: Internationales Thomas Mann Kolloquium 1986 in Lübeck, hrsg. von Eckhard Heftrich und Hans Wysling, Bern 1987, S. 18

[86] Der Hinweis geht zurück auf: Volkmar Hansen: ebd.

über das „buckligt Männlein" (ebd.), das überall herumsteht, boshafte Streiche und Normverstöße begeht und dafür am Ende um Fürbitte fleht (vgl. 464). Seinem Kindermädchen gegenüber hat der kleine Johann das Verhalten des Männleins zuvor wie folgt kommentiert:

> „'Nicht wahr, Ida, es tut es nicht aus Schlechtigkeit, nicht aus Schlechtigkeit! . . . Es tut es aus Traurigkeit und ist dann noch trauriger darüber . . . [...]'" (464).

Hanno spricht hier indirekt von sich selbst, von seiner eigenen Traurigkeit, die sein wiederholtes Scheitern an den tradierten Wertvorstellungen schon früh begleitet. Statt mit einer familiär-repräsentativen Rhetorik zu brillieren, endet zum Beispiel ein Vortrag, den er im Alter von sieben Jahren im Familienkreis halten soll, in Tränen, und zwar, obwohl er das aufzusagende Gedicht „sorgfältig erlernt" (484) hat. Er selbst weiß schon im Vorfeld, wie sein Vortrag verlaufen wird, denn jenes Weinen geschieht immer dann, „wenn man von ihm verlangte, daß er sich produziere, ihn examiniere, ihn auf seine Fähigkeit und Geistesgegenwart prüfte, wie Papa das liebte" (484).

Auch ein wenig später stattfindendes Examen, mit dem Thomas seinen Sohn auf dessen Leben als zukünftiger Firmenchef vorbereiten will, endet in der gleichen Weise. Erneut ist es „etwas unüberwindlich Trauriges" (511), das Hanno davon abhält, seinem Vater die Namen der Straßen und Speicher zu nennen, die dieser von ihm hören will und die er - „zum Teile wenigstens" - ganz gut wusste (vgl. ebd.). Zwar versucht er noch zu sprechen, „aber schon die ersten Silben wurden von Schluchzen erstickt" (ebd.).

Bezogen auf die Identitäts- und Existenzproblematik dieser Figur lässt sich somit feststellen: Zwar hat Hanno die ihm auferlegte familiäre Lebensaufgabe internalisiert, bemüht sich auch, ihr gerecht zu werden, doch weiß er nicht zuletzt aufgrund seines wiederholten Scheiterns an den übersteigerten und personfremden Erwartungen, dass er seine Aufgabe nicht normkonform erfüllen kann. Zum Ausdruck kommt dieses Wissen um das eigene

Versagen in jenen Traurigkeitsgefühlen, die wiederum das Ihre zu seinem Scheitern beitragen. Wie das bucklige Männlein lässt ihn die Zwangsläufigkeit seines Versagens immer „trauriger" (464) werden, was auch für die Identitätsentwicklung nicht folgenlos bleibt: Statt emanzipatorische Normverstöße zu begehen, das fremdbestimmende Familienbewusstsein in ein persönliches zu überführen, pervertieren seine personeigenen Antriebe zum Fluchtmittel vor einem Leben, in dem er permanent enttäuscht und dem er aufgrund der unterbliebenen Selbstfindung keine Identität entgegenzusetzen hat.

Konkretisieren lässt sich dieses selbstzerstörerische Verhalten am Beispiel von Hannos musikalischer Begabung, die ihn bereits mit sieben Jahren das Klavierspiel erlernen lässt. In Übereinstimmung mit den personeigenen Antrieben eignet er sich die dazu notwendigen Grundfertigkeiten zunächst an, „wie man nur das sich aneignen kann, was Einem schon von jeher gehört hat" (503). Das Musizieren bildet folglich einen Teil jenes zu verwirklichenden Potenzials, das der ‚Person' des kleinen Johann zugrunde liegt. Da er die internalisierten Erwartungen allerdings nicht infrage stellt, führt dieses Potenzial bei ihm langfristig nicht zur Selbstfindung, sondern zur Selbstverneinung: Die Musik gerät ihm zum Fluchtmittel, mit dem er nicht nur der familiär auferlegten Lebensaufgabe, sondern dem Leben insgesamt zu entkommen versucht. Gemäß ihrer Funktion im ‚Verfalls'-Geschehen hat Gerda ihren Sohn schon früh mit der Musik Richard Wagners in Kontakt gebracht (vgl. 498 f.), so dass der Achtjährige dort bereits die Motivvorlagen für sein eigenes Spiel findet: Es thematisiert das Verlangen nach einer „Auflösung" (506), deren Vollzug „Erfüllung und Erlösung" (507) verheißt und die gleichbedeutend ist mit dem „Friede[n]", der „Seligkeit", dem „Himmelreich", kurz: mit dem vom Leben befreienden Tod. Als Sprache Hannos (vgl. 502) dient das Klavierspiel folglich der Artikulation einer Todessehnsucht, zu der sich das persönliche Wertebewusstsein bei ihm verkehrt hat.

Dieser Todessehnsucht entsprechen auch die zunächst nur halbbewussten Ahnungen des familiären Untergangs, die den kleinen Johann schon früh andrängen. So entdeckt er eines Nachmittags die Familienpapiere, in denen unter anderem ein Stammbaum der Buddenbrooks aufgelistet ist. „Mechanisch und verträumt" (523) zieht er einen Schlussstrich unter seinen Namen, in der instinktiven Annahme, nach ihm „käme nichts mehr" (524). Zu nennen ist in dem Zusammenhang auch Hannos zunehmende Empfänglichkeit für den „fremde[n] und doch auf seltsame Art vertraute[n] Duft" (588), den er zum ersten Mal an der Leiche seiner Großmutter wahrnimmt. Je mehr „Vorgängen des Abbröckelns, des Endens, des Abschließens, der Zersetzung" (699) er im weiteren Handlungsverlauf beiwohnen wird, seien es nun Begräbnisse, Haushaltsauflösungen, Personalentlassungen oder auch das eigene Musizieren, desto häufiger dringt dieser Geruch in die ihn umgebende „Atmosphäre und Lebensluft" ein (700). Als leitmotivisch verwendetes Todesmerkmal spiegelt er die dominante Realitätserfahrung dieses letzten potenziellen Firmen- und Familienoberhauptes wider, das die ihm auferlegte Lebensaufgabe schon nicht mehr antreten wird: Von der personfremden Berufung zum Firmenchef entbindet Thomas seinen Sohn noch durch die Liquidierung der Getreidehandlung, und auch Tonys Erwartung, ihr Neffe könne etwa mit Hilfe seiner musikalischen Begabung „ein junges und neues Werk" im Sinne der tradierten Wertvorstellungen (696) beginnen, geht voll und ganz an dessen Identitäts- und Existenzproblematik vorbei. Da sich der Selbstfindungsprozess bei ihm gleichsam ins Negative verkehrt hat, bleibt Hanno auch nach dem äußeren Wegfall der familiär vorbestimmten Aufgabe passiv und gelähmt einem Leben gegenüber, mit dessen Verneinung er den ‚Verfall' seiner Herkunftsfamilie faktisch besiegeln wird.

Verdeutlichen lässt sich diese existenzielle Lebensmüdigkeit unter Einbeziehung des jungen Kai Graf Mölln, dem langjährigen Schulfreund und einzigen Vertrauten Hannos. Als Kontrastfigur steht er für eine Realitätserfahrung, die trotz aller Bedrohungen und ‚Verfalls'-Erscheinungen nicht zwangsläufig in den eigenen Untergang führen muss.

Im Verhältnis der beiden Freunde zueinander bildet Kai von Anfang an den aktiven Part, der sich Hanno mit „rücksichtslose[r] Initiative" (518) genähert, um ihn geworben hat, während dieser in seiner Passivität noch nicht einmal „den Mut gefunden hätte, die Freundschaft einzuleiten" (ebd.).[87] Dementsprechend ist es auch Kai, der sich couragiert für den Freund einsetzt, indem er ihn beispielsweise im Schwimmbad gegen die Hagenström-Söhne verteidigt: Einen von ihnen hatte er unter Wasser gar „ins Bein gebissen" (625), das heißt, er benutzt hier speziell seine Zähne als Waffe gegen eine äußere Bedrohung, vor der Hanno wie gelähmt nicht einmal zu entfliehen versucht (vgl. 624). Seine Zähne sind denn auch von ebenso schwacher Konstitution wie der Rest seines Körpers: Bereits mit fünfzehn Jahren sind sie fast alle „unterminiert und verbraucht" (744) - ein Zeichen gebrochener Lebensenergie, das der familiär bedingten Identitäts- und Existenzproblematik dieser Figur korrespondiert.

Wichtig in Bezug auf Kais kontrastierende Aktivität erscheint deshalb ein Blick auf das divergierende Herkunftsmilieu, dem er entstammt. Im Gegensatz zu Hanno wächst er frei von jeglichen Erwartungen auf, das heißt auch frei von einem familiär fremdbestimmenden Wert- und Normsystem. Zwar gehört er einem alten Adelsgeschlecht an, doch ist diese Familie in der Erzählgegenwart de facto bereits ‚verfallen': Mit Ausnahme einer Tante, zu der keinerlei Kontakt mehr besteht, sind die einzelnen Verwandtschaftszweige allesamt „verdorrt, abgestorben und vermodert" (517). Zusammen mit seinem Vater, einem einsiedlerischen „Sonderling" (516), lebt Kai deshalb allein auf einem heruntergekommenen kleinen Gehöft außerhalb der Stadt. Seine Mutter ist noch während seiner Geburt gestorben, so dass er „wild wie ein Tier unter den Hühnern und Hunden [heranwächst]" (517).

Die aus diesem Herkunftsmilieu resultierende Freiheit von tradierten Wert- und Normvorstellungen hat es ihm offensichtlich schon früh ermöglicht, ein identitätsbildendes Wertebewusstsein zu entwickeln und führt damit den entscheidenden Unterschied zu Hanno Buddenbrook vor Augen: Hatten die fremdbestimmenden Erwartungen bei ihm dazu geführt, dass sich

---

[87] Vgl. in diesem Sinne auch Barbara Schmied: Hanno und Kai - Zwei Künstler im Konflikt mit der Gesellschaft. Eine vergleichende Studie der beiden Figuren aus *Buddenbrooks* von Thomas Mann. In: Runa: RPEG (1992), Nr. 17/18, S. 186 f.

sein musikalisches Talent zum passiven Mittel der Lebensflucht verkehren konnte, so entwickelt sich das erzählerische Talent seines selbstbestimmt aufwachsenden Freundes zum aktiven Mittel der Lebensbewältigung. Kais Geschichten zeichnen sich schon früh dadurch aus, dass die darin zu bestehenden Abenteuer und Gefahren mit Mut und Tatendrang gemeistert werden.[88] Von Todessehnsucht oder Lebensflucht ist bei diesen phantastischen „Entzauberungen und Erlösungen" (624) nichts zu spüren, wohl aber von einem entschlossenen, couragierten Eingreifen des Helden, der genau wie sein Erzähler weiß, wer er ist, und was er kann. Auch Kai versucht, in die ihn umgebende Lebenswirklichkeit einzugreifen, sie zu verändern, was insbesondere am Beispiel des gymnasialen Schulalltags deutlich wird. Der „preußische[n] Dienststrammheit" (722), die in diesem erzieherischen „Staat im Staate" vorherrscht, nimmt er gleichsam den Schrecken, indem er gerade das Lehrpersonal immer wieder als normkonforme Staatsbeamte ironisch bloßstellt: als obrigkeitstreue „Hülfslehrer" und „Oberlehrer", denen das humanistische Bildungsideal fremd geworden ist (vgl. 742). Hanno dagegen bleibt passiv, reagiert mit „Furcht und Übelkeit" (738) auf den lakaienhaften Schulbetrieb, dessen Mechanismen er zwar wie Kai durchschaut, doch ohne dass er seine Kritik in eine produktive Gegenposition verwandeln könnte.[89] Da er kein identitätsbildendes Wertebewusstsein entwickelt hat, fürchtet er sich „vor dem Ganzen" (743), das heißt vor dem Leben insgesamt, in dem er weder Halt noch Perspektive findet. „'[...] Ich kann nichts wollen", entgegnet er seinem Freund, als dieser ihn an sein musikalisches Talent erinnert. „Ich will nicht einmal berühmt werden. Ich habe Angst davor, genau, als wäre ein Unrecht dabei! [...]'" (ebd.).
Als „Unrecht" kann Hanno seine Musik beziehungsweise die dahinter stehenden personeigenen Antriebe nur deshalb empfinden, weil sie den Erwartungen und Hoffnungen zuwider laufen, die seine Herkunftsfamilie auf ihren letzten potenziellen Firmenchef gesetzt hat. Das aber bedeutet: Auch

---

[88] Vgl. in diesem Sinne ebd., S. 190
[89] Vgl. in diesem Sinne auch Vogt 1995, S. 101 und Schmied 1992, S. 188

nachdem die Getreidehandlung längst liquidiert worden ist, hat es diese Figur nicht geschafft, sich von dem fremdbestimmenden Familienbewusstsein zu emanzipieren und damit zu jener Freiheit zu gelangen, die Kai sozusagen bei der Geburt mit in die Wiege gelegt worden ist. Hanno bleibt gelähmt und passiv einem Leben gegenüber, dem er, anders als sein Freund, nichts entgegenzusetzen hat. „'[...] Ich möchte sterben [...]'" (ebd.), vertraut er Kai kurz vor seinem Tod an und nimmt damit den Ausgang der wenig später eintretenden Typhuserkrankung vorweg. Der Erzähler gestaltet den Tod dieses letzten Buddenbrook denn auch als bewusste Entscheidung gegen ein Leben, dessen Ruf den Kranken noch in seinen Fieberträumen „vor Furcht und Abneigung" (754) erzittern lässt.[90] Hanno flüchtet sich „vorwärts", das heißt, er gibt sich jener Todessehnsucht hin, zu der seine personeigenen Antriebe im familiären Herkunftssystem pervertiert sind. Die zunehmende Identitäts- und Existenzunsicherheit der einzelnen Generationen hat somit ihren Höhepunkt erreicht: Mit der Lebensverneinung von Justus Johann Kaspar Buddenbrook hat sich die kollektive Hauptfigur in letzter Konsequenz selbst zerstört; das ‚Verfalls'-Geschehen ist an seinem Endpunkt angelangt.

---

[90] Vgl. zur genauen Analyse von Hannos Tod sowie zu der von Thomas Mann verwendeten lexikalischen Quelle die Ausführungen von Christian Grawe 1992, S. 123 f.

IV. Schlussbetrachtung

Gemäß der Lesart als „Generationenroman" lassen sich abschließend die folgenden generationsspezifischen Identitäts- und Existenzproblematiken der Buddenbrooks konstatieren: Die ‚Identität' von persönlichem und familiärem Wertebewusstsein, die noch für die erste Generation charakteristisch ist, basiert dort bereits auf der Substituierung des persönlichen Wertes Liebe durch finanzielle und gesellschaftliche Interessen. Die mit der Substituierung korrelierte Verlusterfahrung bildet somit von Anfang an die Grundlage des von Johann Senior etablierten Familiensystems.

Der normative Geltungsanspruch dieses Systems, der exemplarisch am Fall des verstoßenen Sohnes Gotthold verdeutlicht worden ist, führt schon in der zweiten, familiär integrierten Generation zur Spaltung der ‚Person' in einen normkonformen und einen normabweichenden Bewusstseinspart. Im normkonformen Part manifestiert sich dabei das internalisierte Wert- und Normsystem der Herkunftsfamilie, das aufgrund seiner unreflektierten Übernahme ein personfremder und fremdbestimmender Faktor bleiben wird; dem normabweichenden Part liegt dagegen das personeigene Antriebspotenzial zugrunde, das seine identitätsbildende Funktion aufgrund unterbleibender Bewusstwerdung und/oder Verwirklichung mehr und mehr verliert. Dementsprechend steigert sich die Selbstentfremdung in der dritten Generation bereits zu den Identitäts- und Existenzproblematiken des Selbstverlustes, der Selbstbekämpfung, der Selbstbestrafung und der Todessehnsucht. Das Leben wird zum sinnlosen Rollenspiel, das seine Protagonisten immer näher an den Abgrund des existenziellen Nichts geraten lässt. Mit der bewussten Selbst- und Lebensverneinung setzt Hanno Buddenbrook als Vertreter der vierten Generation schließlich den Schlusspunkt unter diese Entwicklung. Er zieht damit die Konsequenz aus einer Realitätserfahrung, die in zunehmendem Maße unter den Einfluss des fortschreitenden ‚Verfalls'-Geschehens geraten ist: Aufgrund der Internalisierung des familiären Wert- und Normsystems hat sich die Verlusterfahrung Johann Seniors bei den Folgegenerationen zunächst in eine physische und psychische ‚Verfalls'-Komponente verkehrt, die immer früher zum Tod oder zur Todesäquivalenz der einzelnen Figuren führt. Darüber hinaus bleiben die jeweiligen Identitäts- und Existenzproblematiken jedoch auch für den Niedergang der Herkunftsfamilie insgesamt nicht folgenlos. Der individuelle Beitrag der Mitglieder hängt dabei eng mit der ihnen systemintern auferlegten Lebensaufgabe zusammen. So tragen die Firmenchefs primär zum wirtschaftlich-finanziellen Niedergang der Getreidehandlung bei, mit dem auch das Auseinanderfallen der räumlichen und sozialen Einheit der Großfamilie einhergeht. Die übrigen Mitglieder sind dagegen eher am gesellschaftlichen Abstieg der Buddenbrooks beteiligt, wobei den weiblichen Figuren aufgrund der ihnen zustehenden Mitgift eine Zwischenposition zukommt. Anzumerken ist in diesem Kontext noch einmal, dass den relevanten Normverstößen gegen die familiäre Außendarstellung fast durchweg kein emanzipatorisches Bestreben zugrunde liegt; sie sind in der Regel nichts anderes als das Resultat jener existenziellen Verunsicherung, die den ‚Verfall' als Folge zunehmender Identitäts- und Existenzunsicherheit zu erkennen gibt.

Bezogen auf die literarhistorische Neukonzeption der Figurenpsyche lässt sich somit feststellen: Der ‚Verfall' der Buddenbrooks kann über weite Strecken als das Ergebnis unterbliebener, verhinderter oder gar negierter Selbstfindungsprozesse gelesen werden, deren Auslösung von der Figurenkonzeption der „Frühen Moderne" gefordert und in Thomas Manns Roman sozusagen ex negativo eingelöst worden ist. Unterlaufen wird die Realisierung dieser Prozesse in erster Linie von der personfremden Übernahme familiärer Wertvorstellungen, deren normativer Anspruch noch als primär „realistischer" Faktor klassifiziert werden muss. Mit anderen Worten: Die um jeden Preis aufrechtzuerhaltende Moralkonzeption von Firma und Familie bleibt in den *Buddenbrooks* von konstanter Gültigkeit, während sich die sozialpsychologische Komponente der Figurenkonzeption schon in der zweiten Familiengeneration in eine individualpsychologische Gestaltung zu verkehren beginnt.

In dem Modell des literarischen Strukturwandels, das dieser Arbeit zugrunde liegt, ist der Text demzufolge genau auf der Schnittstelle zur „Frühen Moderne" anzusiedeln: Er zeigt die Konsequenzen, die sich aus der Unterlassung emanzipatorischer Normverstöße für die Identitäts- und Existenzproblematik der einzelnen Figuren ergeben. Anstatt neue Möglichkeiten zu eröffnen, dominiert deshalb noch die „realistische" Erfahrung der Realität als ein zu Ende gehender Prozess, der in der Pervertierung des Selbstfindungsprozesses zur Selbstverneinung seinen krönenden Abschluss findet. In der darin impliziten Forderung des Textes nach der Verwirklichung des personeigenen Antriebspotenzials ist allerdings auch schon der denkmögliche Ausweg aus dem ‚Verfalls'-Geschehen präsent: Die immer wieder neu zu realisierende Identität wird als anzustrebender Wert gesetzt, mit dessen Hilfe es vorstellbar erscheint, einen existenziellen Halt im Leben aufzubauen. Insofern es Thomas Mann also gelungen ist, den ‚Verfall' der Buddenbrooks als vermeidbare Folge unterbliebener Emanzipation und Selbstfindung zu zeigen, wird man seinem Werk die „Verführung zum Leben" nicht absprechen können.

V. Literaturverzeichnis

1. Quellen-Texte

MANN, Thomas: Buddenbrooks. Verfall einer Familie, Frankfurt/Main 2000

MANN, Thomas: Buddenbrooks. Verfall einer Familie. Nachwort, Anmerkungen und Zeittafel von Jochen Hieber, Zürich und Düsseldorf 1995

MANN, Thomas: Notizbücher: Edition in zwei Bänden, hrsg. von Hans Wysling und Yvonne Schmidlin, Bd. 1: Notizbücher 1-6, Frankfurt/Main 1991

MANN, Thomas: Selbstkommentare: ›Buddenbrooks‹, hrsg. von Hans Wysling unter Mitwirkung von Marianne Eich-Fischer, Frankfurt/Main 1990

MANN, Thomas: Briefe, hrsg. von Erika Mann, Bd. 1: 1889 – 1936, Frankfurt/Main 1961

2. Forschungsliteratur

2.1 Zur Neukonzeption des Figurenbewusstseins um 1900

TITZMANN, Michael: Das Konzept der ‚Person' und ihrer ‚Identität' in der deutschen Literatur um 1900. In: Die Modernisierung des Ich: Studien zur Subjektkonstitution in der Vor- und Frühmoderne, hrsg. von Manfred Pfister, Passau 1989, S. 36-52

WÜNSCH, Marianne: Das Modell der „Wiedergeburt" zu „neuem Leben" in erzählender Literatur 1890-1939. In: Klassik und Moderne. Die Weimarer Klassik als historisches Ereignis und Herausforderung im kulturgeschichtlichen Prozeß, hrsg. von Karl Richter und Jörg Schönert, Stuttgart 1983, S. 379-408

WÜNSCH, Marianne: Vom späten „Realismus" zur „Frühen Moderne": Versuch eines Modells des literarischen Strukturwandels. In: Modelle des literarischen Strukturwandels, hrsg. von Michael Titzmann, (Studien und Texte zur Sozialgeschichte der Literatur, Bd. 33), Tübingen 1991a, S. 187-203

WÜNSCH, Marianne: Die Erfahrung des Fremden im Selbst. Der Kampf mit dem „Unbewußten" in der Literatur zwischen Goethezeit und Jahrhundertwende. In: Akten des VIII. Internationalen Germanisten-Kongresses Tokyo 1990. Begegnung mit dem „Fremden". Grenzen – Traditionen – Vergleiche, hrsg. von Eijiro Iwasaki, Bd. 11, München 1991b, S. 169-176

2.2 Zu Thomas Manns *Buddenbrooks*

GRAWE, Christian: Struktur und Erzählform. In: Buddenbrooks-Handbuch, hrsg. von Ken Moulden und Gero von Wilpert, Stuttgart 1988, S. 69-107

GRAWE, Christian: „Eine Art von höherem Abschreiben". Zum „Typhus"-Kapitel in Thomas Manns *Buddenbrooks*. In: Thomas Mann Jahrbuch 5 (1992), S. 115-124

HANSEN, Volkmar: Hanno Buddenbrook soll ein Gedicht aufsagen. In: Internationales Thomas Mann Kolloquium 1986 in Lübeck, hrsg. von Eckhard Heftrich und Hans Wysling, Bern 1987, S. 11-29

HEFTRICH, Eckhard: Über Thomas Mann. Bd. 2: Vom Verfall zur Apokalypse, Frankfurt/Main 1982

KELLER, Ernst: Das Problem „Verfall". In: Buddenbrooks-Handbuch, hrsg. von Ken Moulden und Gero von Wilpert, Stuttgart 1988, S. 157-172

KELLER, Ernst: Leitmotive und Symbole. In: Buddenbrooks-Handbuch, hrsg. von Ken Moulden und Gero von Wilpert, Stuttgart 1988, S. 129-143

KELLER, Ernst: Die Figuren und ihre Stellung im „Verfall". In: Buddenbrooks-Handbuch, hrsg. von Ken Moulden und Gero von Wilpert, Stuttgart 1988, S. 173-200

KOOPMANN, Helmut: Die Entwicklung des ‚intellektualen Romans' bei Thomas Mann. Untersuchungen zur Struktur von „Buddenbrooks", „Königliche Hoheit" und „Der Zauberberg", (Bonner Arbeiten zur Deutschen Literatur, Bd. 5), Bonn 1962

KOOPMANN, Helmut: Thomas Mann. Konstanten seines literarischen Werks, Göttingen 1975

LEHNERT, Herbert: Thomas Mann. Fiktion, Mythos, Religion, Stuttgart u.a. 1965

LUDWIG, Martin H.: Perspektive und Weltbild in Thomas Manns *Buddenbrooks*. In: Der deutsche Roman im 20. Jahrhundert. Analysen und Materialien zur Theorie und Soziologie des Romans, hrsg. von Manfred Brauneck, Bd. 1, Bamberg 1976, S. 82-106

MARTENS, Kurt: Die Gebrüder Mann. In: Leipziger Tageblatt, Nr. 154 (21.3.1906)

PEACOCK, Ronald: Das Leitmotiv bei Thomas Mann, Bern 1934

POTEMPA, Georg: Über das Vermögen der Buddenbrooks. In: Ders.: Geld - »Blüte des Bösen«? Drei Aufsätze über literarisch-finanzielle Themen bei Dante, Goethe und Thomas Mann, Oldenburg 1978

RATKAU, Joachim: Neugier der Nerven. Thomas Mann als Interpret des „nervösen Zeitalters". In: Thomas Mann Jahrbuch 9 (1996), S. 29-53

REISS, Gunter: „Allegorisierung" und moderne Erzählkunst: Eine Studie zum Werk Thomas Manns, München 1970

ROTHENBERG, Klaus-Jürgen: Das Problem des Realismus bei Thomas Mann. Zur Behandlung von Wirklichkeit in den „Buddenbrooks", Köln 1969

SCHMIED, Barbara: Hanno und Kai - Zwei Künstler im Konflikt mit der Gesellschaft. Eine vergleichende Studie der beiden Figuren aus *Buddenbrooks* von Thomas Mann. In: Runa: RPEG (1992), Nr. 17/18, S. 179-192

SCHMITZ-EMANS, Monika: Ein «Stück Seelengeschichte» Deutschlands und Europas: Thomas Manns «Buddenbrooks» im europäischen Kontext. In: Revue de Littérature Comparée 72 (1998), S. 459-489

SCHONLAU, Anja: Das »Krankhafte« als poetisches Mittel in Thomas Manns Erstlingsroman: Thomas und Christian Buddenbrook zwischen Medizin und Verfallspsychologie. In: Heinrich Mann Jahrbuch 15 (1997), S. 87-121

VAGET, Hans Rudolf: Der Asket und der Komödiant. In: Modern Language Notes 97 (1982), S. 656-670

VOGT, Jochen: Thomas Mann: „Buddenbrooks", 2., rev. und erg. Aufl., München 1995

VOGTMEIER, Michael: Die Familien Mann und Buddenbrook im Lichte der Mehrgenerationen-Familientherapie. Untersuchungen zu Thomas Manns »Buddenbrooks. Verfall einer Familie«, (Europäische Hochschulschriften: Reihe 1, Deutsche Sprache und Literatur, Bd. 996), Frankfurt/Main 1987

WILPERT, Gero von: Das Bild der Gesellschaft. In: Buddenbrooks-Handbuch, hrsg. von Ken Moulden und Gero von Wilpert, Stuttgart 1988, S. 245-258

WILPERT, Gero von: Die bildenden Künste. In: Buddenbrooks-Handbuch, hrsg. von Ken Moulden und Gero von Wilpert, Stuttgart 1988, S. 259-267

WILPERT, Gero von: Sprachliche Polyphonie: Sprachebenen und Dialekte. In: Buddenbrooks-Handbuch, hrsg. von Ken Moulden und Gero von Wilpert, Stuttgart 1988, S. 145-156

ZELLER, Michael: Die Darstellung der Generationsabfolge in ‚Buddenbrooks'. In: Ders.: Väter und Söhne bei Thomas Mann. Der Generationsschritt als geschichtlicher Prozeß, (Bonner Arbeiten zur Deutschen Literatur, Bd. 27), Bonn 1974

2.3 Weitere Hilfsmittel

MEYERS Konversations-Lexikon. Eine Encyklopädie des allgemeinen Wissens, 4. Aufl., Bd. 12: Nathusius – Pflegmone, Leipzig 1889; Bd. 15: Sodbrennen-Uralit, Leipzig 1889